美好的晚年。

聖嚴法師 口述

胡麗桂 整理

編者序

美好晚年的本來面目

法鼓文化編輯總監　釋果賢

自聖嚴師父於二〇〇九年二月三日捨報後，陸續於《法鼓》、《人生》雜誌的報導中，提及師父還有一本名為《美好的晚年》的著作將會出版。近一年來，很多人對《美好的晚年》充滿期待與好奇，因為難以想像疾病纏身的老人，何來「美好」？

這些期待與好奇，都反映在法鼓文化的客服部，不但每月都會接到詢問的電話，甚至有人索性匯來五百元，指名購買《美好的晚年》。而這些期待也給編輯部帶來壓力，常常要很委婉地向整理文稿的麗桂菩薩催稿。然而在二〇〇九年六月開始陸續收到整理出的文稿時，卻讓編輯陷入難題。

因為師父的口述化為文字，竟成為一則則以記錄形式呈現的記事，其中既少有新鮮事，也沒有一般人所認知的美好事物，這讓我擔心了起來，這本書到底該如何呈現出師父口中的「美好的晚年」呢？

第一次收到長達十六、七萬字的口述整理時，彷彿在看師父的年鑑，除了一則則記事外，還有一場場開示、應邀演講的完整內容。請教麗桂菩薩師父口述的方式，方得知師父在口述一個事件後，都會說：「演講和開示內容，都已整理出來了。」當時心中盤算，這份書稿可能要出上、中、下三冊吧！

在編輯群多方討論下，決定規畫為兩本，第一本內容回歸到師父口述時的「本來面目」，亦即僅保留口述內容，相關開示與演講，則收入第二本。對此建議，心中也曾疑惑：「這與年鑑、年譜有何不同？」

而就在看著編輯文稿的深夜中，感覺眼角泛著淚水，閉上眼睛細想，在這一則則看似枯燥的行程記事中，不是會客、開示，就是演講，而且往往僅是簡單的敘述，為何會讓我感動到眼淚盈眶？

漸漸的，師父身影浮現在我眼前，對照這一則則的記事，在一場場活動中出現的師父，往往剛經歷治療過程中的生死交關；猶記當時見到師父的喜悅，卻不知師父是拖著破敗的色身，來關懷撫慰我們這群不知疾苦的弟子們。

尤其在師父捨報前的最後一個月，我們不斷祈求師父法體安康、再住世間，但回應到此書中所敘述的病況時，心卻整個糾結起來，師父根本是以病痛在示現色身的成住壞空。當時如果知道這些，相信不會如此貪心祈求。但這一切其實也都是自己內心的矛盾和衝突，對師父而言，一切都是如此坦然自在，從生死關頭走過幾回的師父，口中娓娓道來的，卻是雲淡風輕，宛如說的並非他自己。

看著滿檔的行程記錄，我更感動的，是師父以八十老邁之身，一生努力不輟，就如他所強調的「盡形壽、獻生命」，即使到了該好好養病的晚年，卻從書中看到幾乎天天有求見的人、演講、會議等，除了口述內容所記載的公開行程，更有許多僧團內部會議、早齋開示，以及聖基會、人基會、慈基會等諸多基金會的會議，這些雖未在書中呈現，但對所有隨侍在側的弟子們而言，忙碌的身影卻如此清晰。

猶記得二〇〇八年五月甫發生四川大地震，當時的師父，雖身在精舍中，卻不斷透過電話了解慈基會救災情形，並幫忙找可進災區的醫師、聯繫北京宗教局、向企業募款等。師父曾說過，當他沒有體力時就用意志力，沒有意志力時則用願力。看著師父的聯繫與關懷，精舍似乎不但成了救災指揮中心，更儼然是一座「願力發射中心」，以師父的願力為核心、發射關懷到世界各地，凝聚著眾人的願心。

二〇〇八年十一月，師父曾在僧團的早齋開示中勉勵僧眾弟子們，出家人接受十方信施，絕不可「吃白飯」。亦即師父一生奉行的「盡形壽、獻生命」、「做一天和尚撞一天鐘」的精神。師父不但以此教誨弟子，更是身體力行地實踐著，不但在世時利益大眾，即便是捨報圓寂時的佛事，更是一場身教的示範。這本《美好的晚年》，可說是師父留給人間的典範，提醒我們當珍惜生命、善用生命，做對人世間有益的事。

這也是師父送給弟子們的珍貴禮物，師父常對弟子說，要將自己的心得分享給世人，《從東洋到西洋》記錄了在日本留學的見聞、《五百菩薩走江湖》、《真正大好年》……等書，收錄了師父在每個時間點上對世人的提醒，而這本《美好的晚年》，則是一位推動人間淨土的當代思想啟蒙者，在晚年抱病為淨化人間而努力的記錄。

師父曾說，這些記錄的出版，不在標榜個人，而是記錄一位漢傳佛教的出家人，如何在所處的年代中，盡其最大努力的弘法、護法事蹟。是體現佛法的「真空」中，以實踐交織而出的「妙有」。這也是師父從二〇〇九年一月十三日再度從生死關頭走回時，交代要將口述內容整理為《美好的晚年》的用心。因此，本書絕不是記事，而是一本師父的回憶錄，一本將其晚年所作所為的完整交代，雖無法做到詳盡，卻是師父以老邁之身所做最大的努力。

本書也特別將兩幅在師父寮房中找出的親筆手書收錄其中，一為完整敘述生病和就醫的過程；另一為師父於二〇〇六年三月十二日，所寫的〈告誡眾弟子書〉，文中諄諄期勉法鼓山僧俗四眾，以推動漢傳禪佛教為使命，利益普世的人間大眾，更告誡弟子們，絕不可數典忘祖，如此，漢傳佛教之法鼓宗，才得以綿延不絕。「否則，否定祖脈源而自以為高明者，非吾弟子也。」

從師父病中口述到《美好的晚年》一書的完成，彷彿也是師父的身教再現，一般人眼中，老病纏身，何來「美好」？讀畢全書才發現，原來所謂的「美好」，並不在於外境與人事物的順遂、美好，而是一種心境，一種看待生命的眼目與視角，如此才能體會師父所說：「在晚年裡，我所遇到的人，我所經歷的事，都是那麼可愛，我的晚年是非常美好的。」

代序

告誡眾弟子書

二〇〇五年，身為臨濟、曹洞兩系法裔的聖嚴法師，提出了承先啟後的中華禪法鼓宗；二〇〇六年三月十二日，親筆寫下這篇〈告誡眾弟子書〉，諄諄期勉法鼓山僧俗四眾，以推動漢傳禪佛教為使命，利益普世的人間大眾。

我們讀印度佛教及藏傳佛教諸先賢所作論書，必以讚頌三寶，感恩、歸敬、傳承法脈為開端。漢傳各宗，亦皆以祖述闡揚其所出諸祖之論點，為正宗或傍出之依據。禪宗不立文字、教外別傳，為眾所周知，然其絕不違越禪宗歷代祖師所立宗旨芳範。迄于二十世紀之日本臨濟、曹洞二宗，以及韓國之曹溪宗，雖未見有偉大禪師出世，然其禪修之外形，依舊遵古守則，禪寺之運作，尚可令人興古風之思，是以歐美人士之慕道習禪者，乃選擇日、韓二系者居多也。

吾猶憶中國大陸曾有文化大革命之十年動亂中，雷厲風行，破四舊之浩劫。否定漢民族古文明，摧毀漢民族古文化，致使中華民族史上，先聖先賢所遺智慧產業，一度遭到廢棄殘害。以彼時也，中國社會落伍於西方國家，故對東方之儒、道、釋文化，視之為現代化之絆腳石。唯其於二十一世紀初頭，又復重視中華文化之含容性及消融性矣。又復振興儒、道、釋三教之研究及推廣矣。又復於大陸人士口中得聞「感恩中國老祖宗的遺珍」矣！

數十年來使吾憂心而晝夜不已者有四：漢傳佛教人才寥落，其一也。漢人佛教界能通宗通教而對其本末源流得識權實者極少，其二也。漢人佛教徒中願意探索漢傳佛教而予以重新為現代人釐清脈絡次第者極稀，其三也。淺學自驕者流競相奔走於南傳及藏傳門下則成群成隊者，其四也。

緣此憂心吾即開創中華佛學研究所，培育研究佛學之基礎人才，首開重視梵、巴、藏、日、英等研究佛學之語文工具，中華佛學研究所能有今日國內外之好評，足徵吾之所為，未曾白費工夫。然於其辦學目標則尚未達成，乃為「立足中華（漢傳）」佛教之復興，頗有一段距離，殷盼吾之弟子群，當以印度佛學為基礎，漢傳佛教為資產，南傳及藏傳佛教佐參考，走出具有漢傳佛教特色之世界佛教大局面來也。

吾曾目睹不少怪現象：有一新時代之住持僧，為使其已有三百餘年歷史古剎煥然一新，竟非整舊如舊，而是重新設計，以現代工法及現代建材將古匾、古字、古雕刻全部拆換成現代模式，此實使得古文物遭殃，聞之視之心痛不已，無它，當歸咎於僧人之未讀書也。有一位名聲甚美之長老以病往生佛國之後，生前所建頗具規模之道場，為其座下首席弟子繼方丈位，未久間，該道場文宣品中，介紹該寺沿革，對於其師某長老隻字未提，其首席方丈弟子則自稱開山，外人扣問其故，答云：道場初建之際，長老已時抱病，實際事務均由弟子經手也。此乃倫理廢弛之一例也，弟子與師，爭奪開山之功勞，可嘆百千次！

吾見不少身著漢僧服裝者，並以漢寺及漢人社會為衣食資生，然其口口聲聲批評漢傳佛教之不是純佛法，漢傳僧尼生活方式不合佛制律儀，彼等不時讚揚南傳佛教純正，藏傳佛教有內涵有次第。外人扣以汝曾深入漢傳佛教諸宗文獻否？答云：既不合原始佛教又不合現代價值，豈用深入也。

其實彼等確係無知淺聞，殊不知漢傳佛教本出於印度大乘亦融貫大小三乘，乃為發展中產生之適時適境而又不違根本之佛教。此種漢傳佛教之特色，尤其是禪宗百丈的戒律觀，乃為不違大小乘戒律，亦不墨守大小乘戒律，允為隨時隨方而又不失清淨及精進之最佳芳規，亦為今後世界佛教之必行也。

凡吾弟子當以吾此告誡，自勉勉人，庶幾漢傳禪佛教之法鼓宗，得以綿延不絕。否則，否定祖脈源而自以為高明者，非吾弟子也。

二〇〇六年三月十二日聖嚴手書

聖嚴法師親自用毛筆所撰寫的〈告誡眾弟子書〉。

代序　告誡眾弟子書

目次

附錄　隨師記行

楔子

我的晚年是非常美好的

我的晚年生活，多半是在台灣度過的，唯一的一次遠行，是在二〇〇六年深秋去了一趟美國。

在台灣，我的責任都交付出去了，我的任務沒有了，而要做的事好像也沒有了。可是還是有一些事要做，這些事我多半是被動的，主動的很少。我主動要做的，是發起一些社會運動，這是我很高興、很歡喜做的事，所以做起來很輕鬆；而被動的事，我只是應對而已，不需要花太多心血。主動的事是興趣，被動的事是任務，興趣和任務都不是負擔，所以我把這段期間的生活，稱為「美好的晚年」。

在這個晚年，不再有任何事逼得我非做不可，我可以做的就做，不必做或者沒有想到要做的事，也就不去管它了。

在晚年裡，我所遇到的人，我所經歷的事，都是那麼可愛，如果有些不甚可愛的人、不甚可愛的事讓我遇上了，還是覺得可愛。因此，我的晚年是非常美好的。

二〇〇八年四月二十九日口述於中正精舍

一 我的病

二〇〇五年十二月十五日口述於中正精舍

開明
専門家用特撰濃墨
玄龍
玄龍（膠系濃墨）
●墨ののび、適度の光沢、深味のある黒色など、膠のもつすぐれた特色を最大限に生かした特
●水でうすめた淡墨は色調にすぐれ、変化に富んだにじみや、かすれが出せます
●濃墨、淡墨ともに効果的な表現ができます
●寒気にかたまることがありますが、温湯で温め、かたさをゆるめてからご使用下さい
開明

我的這次害病，可以說是晚年以來，最嚴重的一場病，口述此時，我還在病中。害的是什麼病？這是我想不到的，但是想不到的，不一定不會來，卻也不是完全沒有它的影子。

這要從二〇〇〇年開始說起。我在七十歲那年，身體狀況很差，身旁總有許多人擔心我一旦往生，法鼓山怎麼辦？當時法鼓山文教基金會祕書長戚肩時菩薩建議我準備後事，因為我隨時可能就走，屆時法鼓山這個團體怎麼辦呢？我也的確有了打算，也做了安排。事實上，我是隨時準備走的，還沒有走的時候，活著一天就做一天的事，該走的時

● 聖嚴法師雖對生死早有所準備，他仍以過人的願力，為佛教教育與世界文化留下許多重要建樹。

候就走了。因此，我不只一次地講：「我自己的法鼓山已經建好，你們大家的法鼓山，還要不要繼續建呢？」（編案：法鼓山代表的是提昇人品、建設淨土的理念和目標。）那時醫院檢查出我的腎臟功能很差，造血功能很低，紅血球不足，而白血球和血小板也都偏低。因此，首先要控制我的飲食，凡是對腎臟有負擔的飲食全都禁止。從此，我的飲食和大眾不同了，太鹹、太油，油炸、生冷、涼性及燥性食物全都禁食，只能吃溫和的食物；又因我的脾臟與腸胃不好，經常好像有感冒的樣子。

到了二〇〇二年，我在台、美兩地醫院檢查的結果，都發現我的腎臟已有狀況，至少要開始準備洗腎，血液及腫瘤科醫師則是懷疑我身上有癌細胞，卻無法找出確切位置，甚至也懷疑我的骨髓有問題。但是我自己覺得尚可，至少還能撐下去，並且也沒有發現癌細胞，而既然腎臟尚且能用，也就不去理會。當時我的腎臟排毒指數都還保持在平衡的狀態，甚且有段時間出現好轉現象，醫師也滿訝異的。

二〇〇五年三月，我於台大醫院進行例行檢查，結果仍如以往，並未出現異常。八月下旬，我赴台大醫院探望因膽結石入院手術的戒德老和尚，順便做了檢查。我猶記得腎臟科主治醫師蔡敦仁教授一見到我便說：「法師，您好久沒做檢查了，要趕快檢查。」我說四個月前才剛檢查過，但他仍堅持要我馬上做檢查。蔡教授是位佛教徒，他很關心我的身體狀況，擔心我一旦腎臟衰竭，排毒不足，隨時有生命危險，要我馬上再做檢查。

我聽了勸，當日便做了尿液篩檢，發現確有異常。接著又做腎臟超音波檢查，發現左腎已形成一個不小的腫瘤。這使我很意外，因為也不痛也不癢的，什麼感覺也沒有。之後又請來泌尿科蒲永孝醫師為我檢查，蒲醫師一看，要我盡快住院，最好當天就入院，即刻動刀，否則會很麻煩。我猶不願相信，翌日再赴榮總，而檢查結果仍是相同，勸我趕快動刀，否則不妙。由於近年我的病歷都在台大，便決定返回台大醫院就診。

● 完成法鼓山薪傳

入院前，我想必須預先做安排。便於八月二十九日下午，在中華佛教文化館與惠敏師做了一次談話。再於八月三十日，交代果廣師一件事：如果我一去不回了，入院後出不來了，法鼓山仍可往下運作。這個決定便是舉行法鼓山體系內第一次傳法大典。

經過四日籌備，九月二日上午即在農禪寺舉行傳法大典。傳法對象主要為法鼓山僧團時任一級的綱領執事：包括正、副都監及教育體系副所長、副院長等十位，即惠敏、果暉、果醒、果元、果品、果東、果廣、果鏡、果肇及果毅，另外也把新加坡的果峻法師及正在大陸弘法的果如法師召回，共十二位。對此，我要感謝由執行副都監果廣師領導下的弘化院，他們在我的指導下，很快完成傳法儀軌及傳法證書，效率極高。當日傳法大典只邀請體系內僧團法師、護法體系地區召集人與各會團負責人、各基金會與各事業體系負責人等觀禮，這是我們團體內部核心的一個活動。傳法典禮結束後，當天下午我便向台大醫院辦理入院手續，翌日再請假回農禪寺主持剃度大典。

九月四、五兩日，開始於台大醫院進行各項檢查，隨行只有果廣、果禪兩位比丘尼，以及經常在我住院期間，為我張羅及照顧各項所需的洪淑娟與黃淑媛兩位菩薩。同時因我手術前需要輸血，而有三位國防醫學院學生慷慨為我捐血，台北市副市長葉金川先生則為我捐三百西西血小板，備我手術中輸血之用。

九月六日上午，第一次進開刀房。在全身麻醉後，進行膀胱鏡、攝護腺、左腎及輸尿管檢查，發現左腎雖仍有功能，但是其內腫瘤已幾近穿透肌肉層，連接在左腎下端的輸尿管，也

聖嚴法師手持「中華禪法鼓宗法脈傳承證書」，欣見弘法重任終於後繼有人。

已出現癌的症狀，膀胱和攝護腺則正常。便決定正式手術時，把左腎與左側輸尿管，以及連接輸尿管的一部分膀胱切除。

這次雖只做了膀胱鏡檢查，尚不是真正手術，但是於我已去了半條命。我的尿道被伸進三條管子，但我的尿道窄小，需先把尿道切開，始能埋入膀胱鏡與導尿管，做為日後追蹤之用。檢查後，仍餘下兩條管子在我體內，這可不是好玩的事。我無法自主行動，吃飯、洗臉、如廁，全都無法下床，而我天天就是盼著這兩條管子盡快拿掉，可是血尿依舊，醫囑必須等血尿改善，管子才可拿掉。另一方面，我雖然接受輸血，卻仍在出血。醫生便讓我服用一種女性荷爾蒙，每日十二錠。真有趣！

九月九日，終於拿掉那兩條管子，卻仍有血尿。至九月十一日，我才能夠自行下床。在這之前，凡事都需要人抬，需要人搬。

九月十二日，第一階段檢查結束，體力也稍微恢復。由於隔天即將手術，因此禁食一天。

九月十三日上午八時，第二度被送進開刀房，進行正式切除手術，即把前次膀胱鏡檢查發現的左腎腫瘤、左側輸尿管及一部分膀胱切除。

聖嚴法師經常鼓勵生病的菩薩多誦觀世音菩薩聖號與《心經》，他自己在病中也以《心經》的空觀智慧，為安定身心、超越病痛的方法。

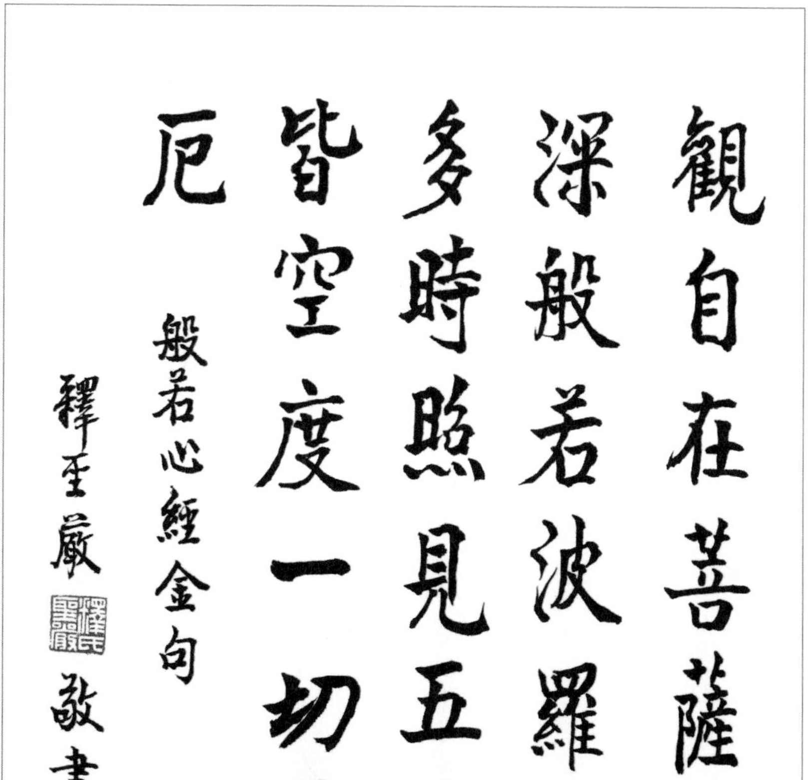
觀自在菩薩行深般若波羅蜜多時照見五蘊皆空度一切苦厄

● 身體輕鬆，心情安定

有一些人對進開刀房是恐懼的，我則已經做了最壞打算，那就是手術失敗，進去後可能就出不來了，或者手術後，發現已沒有希望。手術前一日，我的內心非常平靜，經常觀想《心經》所講的五蘊皆空，空裡沒有我，身體很輕鬆，心情很安定。當我被送進手術房，只覺得眼前每位身著綠色手術袍的醫護人員都是菩薩，他們都在救人性命；我也祈禱，但願世上所有進開刀房的病人都沒有怖畏恐懼，手術後能及早康復；又祈禱這個世界，沒有人需要進開刀房。

就在頭腦放空之時，主刀的蒲永孝醫師已來到我身旁，對著我說：「現在要給您打麻醉針，請您休息一下。這不是什麼大手術，休息一下，醒來就沒事了。」我聽進去了。那時我感覺開刀房就像是人間淨土，是那麼安靜、祥和。雖然醫護人員都很忙，且開刀房裡各科的病人一個個排著隊，卻也不覺嘈雜、陰森，而是那麼安寧，真好！就在這麼觀想時，麻醉藥效開始產生作用，只覺得有點痛，身上熱熱的，頭腦暖暖的，接著就不知道了。

手術歷時四小時，在我左側小腹切一個口約十公分，小腹下端及腰後側各留一小孔，接上銀幕顯像器，並繫上一只小瓶，準備接餘下血水。待我從恢復室醒轉過來，發現身上插著許多管子，又因手術期間在我支氣管埋入一條管子助我呼吸，因此醒來後，感到非常不舒服。

在恢復室裡，只覺得冷，如寒冰地獄那樣地冷，雖有紅外線燈替我照暖，還是冷得打哆嗦，全身僵硬。接著轉入加護病房，見到主治醫師、護理長及護理人員圍在我身旁，一個個對我說：「恭喜！手術非常順利！」醫師告訴我，幸好手術動得及時，腫瘤還在腎臟裡，否則難以收拾；輸尿管的癌細胞也尚未向外穿透，但其組織已與正常細胞不同。醫師告訴我，這是第三期腫瘤。

腫瘤的第一期是發現癌細胞，第二期是形成腫瘤，第三期是腫瘤穿入肌肉層組織，末期則是癌細胞蔓延至器官組織外沿。我能於第三期及時發現，算是很幸運的。我問醫師從第三期發展至末期要多久？他說每個人情況不同，有的人僅僅兩、三天就發展成末期，但是也有的人發展得很慢。

在我手術期間，果廣、果禪法師與洪淑娟、黃淑媛菩薩等四人，皆守在開刀房門外為我念〈大悲咒〉。而我身上切除的左腎他們也看到了，那個腎做了切剖，可看到瘤的組織。

轉至加護病房後，院方為我準備一個麻藥補充器，只要一按，麻藥便會自動流入我體內。按照規定，每十分鐘只能按一次，否則劑量過高，會有生命危險。可是傷口正在劇痛時，十分鐘按一次是無濟於事的，因此我也不按它了，反正痛是身體在痛，不是我在痛。我把身體放鬆，心情放鬆，我在欣賞痛。還是很痛的時候，就是面對它、接受它，也不去處理了，就是放鬆身心，讓它痛吧！

如此痛了三天。這三天雖然痛，但是放鬆身心，還是可以睡的。在痛裡睡，在睡裡痛，心很平靜，沒有煩躁。那幾天，持續吊著營養針與生理食鹽水等補充液，而我的左腎已切除，剩下的一個腎突然要負擔大量的水分是吃不消的，因此我的身體腫了，手腫了，腳也腫了，血液中的尿毒指數也愈來愈高，看來是要馬上洗腎了。

面臨生死的難關，聖嚴法師以放鬆的態度面對病苦。

此時，醫師又來測試我的止血情況，正常應在六至八分鐘內止血，我則是在二十二分鐘後仍出血不止，醫師便宣布放棄。後來，醫師又懷疑我的肺可能積水，須做X光檢查，結果發現肺已嚴重積水。本來我的肺很正常，但在左腎摘除以後，剩下的右腎一時無法消化大量的水，而肺部正好可以藏水，所以體內的水分全聚積於肺部，若不及時處理，肺也會有問題。

當時我的喉嚨裡有痰要咳出來，肺裡有水要進行穿刺，情況似乎很不樂觀。台大醫院院長林芳郁教授便親自主持一個會議，召集腎、心臟、肺、泌尿科等各科醫師組成團隊，並指定由副院長何弘能教授擔任醫療小組總協調人。接著對我說，現在要馬上進行兩個手術：一是肺穿刺，一是在我右大腿鼠蹊開刀接管準備洗腎，問我是否同意？我說我現在是病人，我聽醫生的。當時他們可能覺得我已行至死亡的邊沿，若不馬上急救，大概這條命也沒了。但是我自己覺得，除了痛以外，並沒有什麼大礙。

之後便由胸腔科醫師李麗娜教授，一邊看著超音波，一邊從我的左肋膜進行穿刺，頓時血水就像水箭般噴湧，約有五百西西。在這之後，總算感到舒緩些了。

在加護病房，二十四小時都有護理人員輪班照顧，每間病房住一至二位病友，護理人員不時忙進忙出，病友與病友家屬間或傳來各種聲響，頗為熱鬧。我住的加護病房，除了我以外，另有一位科技界工程師，我和他之間，有一塊布幔隔著，我看不到他，他也看不到我，但是我經常聽到另一端傳來鍵盤聲和不斷乾咳。我便請來護士，我說他很辛苦，幫他一個忙吧！

接著，再從四樓外科加護病房轉入三樓內科加護病房，進行洗腎前的廔管手術。那是在我右腿鼠蹊切一個口，接上一條長約一英呎半的廔管至小腹下端，做為暫時洗腎之用。我在十三日的手術，除了切除左腎，也在我左手腕上方把靜動脈接合，制成廔管，用於一個月後洗腎之需。而我右腿鼠蹊埋的廔管，至多只能用上一個月，前後時間正好可銜接起來。

● 第一次洗腎

九月十六日，第一次洗腎。初期每天都要洗腎，地點就在三樓內科加護病房，時間為兩小時。第一次洗腎的經驗非常難受，在那兩小時，我全身動彈不得，就如僵屍一般。洗完腎後，一是發冷，一是僵硬，幾乎身上每一吋肌肉都是僵硬的，關節僵硬、肌肉僵硬，頭腦則是清楚的。照顧我的侍者常寬師見我痛楚不已，便找來四樓加護病房一位涂鋇甄護士替我做經絡推拿。之前我在四樓加護病房感到很不舒服時，涂護士曾替我做過兩次推拿放鬆。這次是常寬師自己想到把涂護士請來，她替我做了將近兩小時按摩推拿後，我的疼痛感緩和了，終於能睡覺了。那晚如果沒有涂鋇甄護士及時替我推拿，我是真的會走的！那種痛，痛得讓我想打滾，如果我能夠打滾，我會在地上打滾的。但也不是每位洗腎病友均是如此，而是我的體質特殊，也可能是因為白天才做了肺穿刺，接著，洗腎又把我身體裡的血液水分脫乾，使我身體一時無法適應，因此全身僵硬，極度不適。

那是手術以來最疼痛的一天，當時有一種瀕臨死亡的經驗出現。那種痛已痛得使我放棄忍受。當我放棄忍受的時候，呼吸停止了，意識好像也要消失了，我準備要走了。就在此時，常寬師找來涂護士，在她替我按摩以後，我的意識又恢復過來。由此可見常寬師還是滿細心的，他想辦法找人來。

九月十七日，第二次洗腎，時間增為三小時。十九日第三次洗腎。二十一日第四次洗腎，時間增為四小時。一般洗腎多為四小時。所謂洗腎，是通過機器把血液抽出，經由藥劑過濾血液中的毒素，再把血液送回體內，正式名稱是「血液透析」。

九月二十一日起，我從加護病房轉至十五樓的特等病房。在我手術後及住進加護病房期間，我的兩名侍者常寬與常願，已被我折磨好一段時日，因我是重症病人，很多地方都需要照顧，不單單飲食，各種行動都不能自主，都需要旁人協助。還有一位飲食侍者果宜，負責照料我的三餐。此外，從我住院以來，洪淑娟與黃淑媛兩位居士每天都來探望我，她們不是輪流，而是兩人每天清晨七時就向醫院報到。這兩位居士在我住院至出院以後，各方面幫了很多的忙，我很感謝。

我的兩名侍者日以繼夜地照顧我，兩人每天輪班，白天問題少一些，晚上還要輪班，長期下來體力不堪負荷，後來便請了一位男眾看護黃明輝先生分擔照顧我。這位黃先生並不是台大院內編制人員，而是醫院特約看護，他來照顧我近三星期，直到我出院為止。這段期間他也成為三寶弟子，更把看護費悉數捐出，護持法鼓山，使我很感動。我住院這一個月餘，也陸續接引一些醫護人員成為三寶弟子，也是我意想不到之事。

我於住院期間，因不想打攪外界，對內對外都沒有透露消息，卻於九月二十三日這天，收到了總統陳水扁先生、副總統呂秀蓮女士及總統府祕書長游錫堃先生等人為我送來慰問的蘭花，使我意外。但我仍希望保持低調，所以把這三盆蘭花轉送護理站，慰問名片我則收下了。我也非常感謝台大醫院的體諒及配合，同意不在我的病房門上掛上「聖嚴」二字，而以「張先生」替代，包括在護理站、醫療單位及日後我於洗腎中心洗腎，我的代號都是「張先生」，因為我俗家姓張，就寫著「張先生」，而非「聖嚴」二字，對此，我對台大醫院非常感激。

這段期間，我的身體經常也出現一些小狀況。十月三日，在我舌根上突然冒出一個大血泡，大小就如一只小雞蛋，而且愈長愈大，幾乎堵塞支氣管，使我呼吸困難。我也不知原因為何，後來侍者告訴我，是我在二〇〇五年四月赴海南島三亞市出席世界佛教論壇期間，不小心咬破的傷口，當時以為沒事，沒想到此時復發。由於發現血泡時已是晚間，一時要找醫師不易，至數小時後來了一位口腔科住院醫師，就在他準備替我治療時，血泡突然間破了，滿口盡是血水。我把血水吐出以後，醫師便用一塊藥棉壓住傷口止血，可是一旦取走藥棉，血泡又長了回來。最後改用針筒將血水抽出，如此抽了兩次，再讓我塗用一種口內藥膏，直到出院以後，我還持續用著。

另外，住院期間我曾幾度請假外出，實在是不得不然。因為我們的行事曆上老早已排定十月九日這天，農禪寺有一場皈依大典，因此我向醫院請假。而腎臟科主治醫師林水龍醫師極為通情達理，他了解這是已定日程，也在評估我的身體狀況許可之下，同意我的請假。這次皈依典禮共有一千兩百多人成為三寶弟子。活動結束後，我便立即返回醫院。除此之外，法鼓山落成開山一連四天的活動，我也都是向醫院請假出席。

十月十九日，改換至左手腕的動靜脈瘻管洗腎。在此之前，我都是在十五樓的病房裡洗腎，由院方把洗腎機器搬到病房，這也讓照顧我的護理人員加倍辛苦。

在洗腎中心，每位護理人員平均要照顧四至五位病患，而我的

聖嚴法師出院後，為便於就醫而入住中正精舍靜養，此處往後成為法師生活起居、會客與處理事務的主要地點之一。

病房在十五樓，洗腎中心則在三樓，照顧我的護士經常需於三樓及十五樓之間奔忙。有一次，護士正於三樓照顧其他病友，而我的洗腎機器出現狀況，發出警響，侍者立即通知護理人員，但十五分鐘後才見她出現。這位護理人員一進門就急得哭了，她覺得自己失職，對不住我。我安慰她沒有關係，這不是她的過失。其實從三樓上到十五樓來，就是等電梯也要時間的。這位護理人員至今仍對此事耿耿於懷，不斷對我說抱歉。後來她也皈依了三寶。我之所以沒有同其他病友一樣於三樓洗腎中心洗腎，是因當時我的狀況不便搬動，也不便走動，因此就在病房裡洗腎。

十一月四日起，我便開始於台大醫院每週三次規律性的洗腎療程，這也成為我晚年生活不可或缺的一部分。

我自九月二日入院以來，至十月二十七日出院，前後共住院五十六天。出院後，便搬入台北市仁愛路的中正精舍靜養。此處原是護法總會副總會長黃楚琪菩薩的私人住宅，後來他發心提供，做為法鼓山中正精舍，另外一處中山精舍，也是由他提供。當他獲悉我出院後，需要在市區找個地方靜養，就近回院洗腎及治療，便把中正精舍重新整修，讓我入住，而原來經常在中正精舍共修的菩薩們則轉往安和分院共修，我在這裡一併感謝黃菩薩的發心及諸位菩薩們的體諒。

聖嚴法師幾度面對生死難關，雖不知能否平安回到法鼓山，但推動佛教教育的願心與願力，始終不滅。

一　我的病

二

法鼓山落成開山

二〇〇五年十月記事

歷經十六年的努力，法鼓山終於在二〇〇五年十月二十一日落成開山，我的心中只有感恩。法鼓山原本預訂於西元二〇〇〇年落成，卻因為工程進度一再落後，直至二〇〇五年春，我說決計不容再拖延，務必以十月為最後完工底線，而終於在十月二十一日的觀音菩薩出家紀念日當天，以一個大致完工，實際上，卻有部分建築及周邊設施尚待補強的面貌，宣布落成開山，進入法鼓山的新紀元。

在落成開山之前，山上已有部分建築先於二〇〇一年九月啟用。第一批啟用的建築群有男眾寮房和小三合一建築（教育行政

聖嚴法師經常不憚辛苦，在法鼓山工程期間親自巡視。

大樓、圖書資訊館及國際會議廳）；女眾寮房則於二〇〇三年啟用；在二〇〇五年啟用的建築群，則有大殿、接待大廳和禪堂等。法鼓山工程能一如我的期待如期完工，必須感謝所有工務人員的全力配合，同時也因一位已退休的營造企業總經理易力行菩薩於工程後半期全力協助，幫助我們訂出工程的完工次序，才能使工程如期完工，他的功勞不小。

但是我沒想到的是，在開山前的一個多月我害病了，而且是突然害病而住進台大醫院。所堪欣慶的是，落成大典期間，我的身體狀況還不差，洗腎也很順利，因此我的幾次公開談話及大眾眼中所見的我，雖不是中氣十足，還不至於病容憔悴，甚至有媒體形容我「容光煥發」，真讓我感謝。尤其在落成大典的活動上，雖有少數的人知我害病，多數的人則不知情；而知我害病者，大抵從媒體上尚看不出我是害了重症。對法鼓山來說，落成開山是一個新紀元，是法鼓山的開始，此時此際，我必須打起精神，表現得神采奕奕，不可讓人讀出我的病容，而且是個剛從醫院請假外出的病人。

法鼓山落成大典引起的迴響相當的多，我們收到了各界的肯定與讚歎，尤其對「大悲心起」的主題，普遍認為不但具有新意，並且富有濃郁的法味。其實這個主題，是由當時法行會的劉偉剛、連智富和段鍾沂幾位菩薩所共同發想的。為什麼稱為「大悲心起」？因為法鼓山是個觀音道場，觀音道場落成之時，便是大悲願心生起之始。法鼓山的落成，一方面要感念觀音菩薩的感應，成就法鼓山出現的因緣；同時也祈願所有信眾及全球人士，都能學習觀音菩薩的精神，發起平等無私的廣大悲心來，使得我們的人間，普皆人品提昇，共同成就美好的淨土。大典上所呈現的「大悲心起」四個大字，則出自書法名家董陽孜女士的墨寶。

一系列的落成開山活動，從十月十九日起至二十二日止，一連四天，這段期間，我是每天出席，每場都做了致詞。

揭開序幕的是十九日晚間，於台北圓山大飯店舉行的迎賓晚宴，到場與會嘉賓，都是來自世界各國不同宗教的精神領袖。我則以「大悲心起」為題，復以「世界和平」為旨，做了一段簡短致詞，主要談及二十一世紀是個多元文化的社會，在這個時代，唯有接受及包容多元文化，我們自己才能成長，世界和平才有希望。

多年來，我在各種國際場合，經常遇到許多偉大的宗教領袖，他們的慈悲與無私，常讓我覺得他們也是佛教徒。我曾聽到一位穆斯林學者談起所謂的「聖戰」，其意乃是戰勝自己內心的邪惡。這在佛教也有類似的看法。佛經中提及有一尊佛，名為「鬪戰勝佛」，而鬪戰勝佛所要降伏的對象無他，乃是自己的心。如何降伏自己的心？便要有慈悲和智慧。在佛法來講，唯有當我們對他人付出的關懷愈多，方能使他人能夠接納我們，這才是「降伏」的真意。

其實，這天在我右側鼠蹊上的插管仍在，我必須坐在椅子上談話，這使我覺得很失禮。另一方面，儘管我的致詞已非常精簡，可是台下知我病情者，仍是替我捏了一把冷汗，他們擔心會有什麼狀況發生。也從這日開始，我的洗腎已改換至左手腕的廔管進行透析，而在我右腿上的管子終於可以拔除，這是讓我非常欣喜的事。

接著在二十日上午，我們在圓山飯店舉辦了一場「世界佛教領袖座談會」，討論的主題是「全球問題的概觀」及「從心探索解決全球問題的方針」，邀請兩岸三地及西藏、美、日、韓、緬甸、印尼、泰國等各地的佛教領袖參與。我也在會中分享了法鼓山「四種環保」理念，其由來即是佛經所講的「五蘊界」、「有情界」和「器世間」。

十月二十一日，星期五，上午

眾所矚目的法鼓山落成開山大典，邀請各界貴賓與聖嚴法師共同揭開佛幔，一起見證法鼓山的歷史新頁。

九時起，法鼓山落成開山大典於法鼓山大殿舉行。這不僅僅是法鼓山這個團體的大事，也藉由各種平面、電子及網路媒體的迅速傳播，成為國內及全球共同矚目的一樁大事，不僅是華人社會關注，許多國際重要媒體也都做了報導，兩岸間更有無數民眾在網路上同步目睹這場莊嚴的盛會。當天蒞臨的貴賓相當地多，有國內外宗教領袖、佛教領袖、宗教學者，以及產官學界、藝文界、媒體及金山鄉各界代表等貴賓出席，特別在揭佛幔儀式之後，當時的總統陳水扁先生和台北市長馬英九先生，由我牽著他們的手下台，非常和諧；我的俗家晚

●聖嚴法師與諸山長老一起主持大殿三寶佛開光儀式。

輩，外甥、姪兒、姪女、姪女婿也都來了，很不容易。

當天的佛像開光儀式，邀請到十八位國內外教界的諸山長老，為全山的六座佛像開光主法，我則與仁俊長老、守成長老、真華長老、淨心長老、圓宗長老、明義法師、聖輝法師、心定法師及廣聲法師，主持大殿三寶佛的開光儀式。由於我是主持人，就站在台前的正中心位置，其他幾位長老貴賓則分別立於我的左右兩側，而當司儀唱出「諸山長老禮佛三拜」時，我非拜下不可。當時在台下的劉偉剛菩薩，他非常擔心我才剛剛拔掉右腿上的管子，此時要禮佛拜下，憂心我的傷口可能會出血。真是菩薩保佑，我完全沒有事的。

聖嚴法師出席於台北圓山飯店舉辦的國際座談會，此時法師容光煥發的模樣，讓人完全看不出一點病容。

所謂「開山」，並非指我聖嚴開創法鼓山這個團體或者這個教育園區，而是藉著法鼓山建築的落成，籲請我們這個社會的每一個人，都來開發人人心中自性的寶山。每個人心中都有一座寶山，這座寶山，即是與佛相同的自性寶藏。因此，法鼓山開山，雖是立足於建築群落成，可是建築群落成並不代表開山已經完成，而要經由建築群的啟用，觀照、啟發眾生心中的自性寶山，這才是法鼓山「開山」最重要的意義。

二十二日上午，圓山飯店另有一場「世界宗教領袖座談會」，邀請到佛教、印度教、東正教、天主教、回教與猶太教等世界宗教精神領袖雲集台北，我則於會中提出了二十一世紀社會組成的三大結構：政府、企業，以及非營利事業組織（ＮＰＯ）及非政府組織（ＮＧＯ），其中宗教所扮演的角色，屬於非營利事業組織及非政府組織。我呼籲由宗教力量來結合另外兩種社會支柱的資源，才能夠使得世界地球村、全球共同體的理想，在我們這個人間早日實現。

此外，二十二日晚間，有一場「大悲心起音樂感恩晚會」在台北國際會議中心舉行，這是以音樂會的形式，來表達法鼓山開山的感恩。這場晚會焦點，是一位來自中國大陸的音樂神童牛牛表演鋼琴獨奏。這位小菩薩名叫張勝量，是個音樂天才，當時他只有八歲大，鋼琴彈得極好，台風也很穩健。他表演結束後，主持人葉樹姍菩薩要他代全場觀眾給我一個擁抱，祝我早日康復。而牛牛真的跑上觀眾席來抱我一下，還叫我一聲「聖嚴爺爺」，這滿有意思的，讓我很感動。日後牛牛也給我寫了信，感謝我們的邀請。他是個很有禮貌的孩子，願他長大以後，能成為世界級的音樂家。

這段期間，法鼓山經常都有大型活動。在二十九日上午，法鼓山大殿則辦了一場「供佛齋僧暨心靈饗宴大會」，這是我們首度的嘗試。以往，法鼓山與佛教界一向互動偏少，可以說是佛教界的獨行俠。原因是我們辦的教育與各種弘化活動，在型態上與傳統教界有些不同；而我們辦的許多開創性的活動，常使各界眼睛一亮，也可以說，我們這個團體往前走的步伐比較快一些。在我的想法，如果不跟社會密切互動，不帶動社會往時代的前端走，佛教的未來是有隱憂的。因此，我們對開創性的活動投注不少時間和心血，也就跟傳統佛教界比較疏遠了；或者說，由於我們往前走的步伐比較快一些，教界可能也不大習慣。

在法鼓山落成以後，我們希望與教內的諸山長老及法師多一點互動，便想起多年來，台灣北、中、南各地的許多道場都在辦齋僧大會與僧眾結緣，因此有了辦齋僧的想法。可是有此想法，還需有方法，由於過去我們從未辦過類似的活動，必須請教高明。為此，我曾特地拜會淨心長老，向他請教怎麼找人？如何成事？長老推薦他的法子，高雄縣佛教會理事長心茂法師為我們指導，心茂法師也參加了我們的落成開山大典，齋僧大會則由他全程指導，他也帶來幾位法師協助我們，開了幾次籌備會，另外，也敦聘廣慈長老協助指導。後來，我們真的辦起來了。

辦供佛齋僧的目的，是希望與教界的長老和法師結緣。但是法鼓山位在台北縣的郊區，距離市中心稍遠，所需的車資也較高，因此我們準備的供品和供養金也比其他道場辦齋僧時多一些。當我們發出舉辦供佛齋僧的消息以後，許多信眾都很踴躍護持，這個活動的贊助費都是信眾捐的，各地的信徒都來供養。

二十九日的供佛齋僧大會，是由全體出席的出家眾一起上供，限於場地的條件，能夠上台主法的只有五位長老，除我以外，尚有廣元長老、廣慈長老、心茂法師和今能長老，而我知道好多位長老當天也都帶了紅祖衣來，他們帶了紅祖衣來，卻沒能邀請他們主法，這讓我覺得很過意不去。當天應供的法師，有很多長老許久沒有見面了，他們能夠賞光蒞臨，真使我驚喜，也讓我意外。法鼓山平時與教界鮮少互動，而法鼓山落成以後，長老法師們願意歡喜前來，真讓我感謝。他們來法鼓山一趟，除了應供，同時也看看法鼓山究竟長什麼樣子。

當天出席的出家眾，多達一千七百餘位，是法鼓山有史以來最多的一次。我們也安排約一千八百位義工，做接待服務的工作，如此規模，更勝落成開山大典，可見得我們對齋僧大會的重視，也是我們的光榮。

對於遠道而來參與供佛齋僧大會的長老與法師們，聖嚴法師除了感謝，也希望教內外都能來法鼓山參學，一同為佛教的未來弘傳努力。

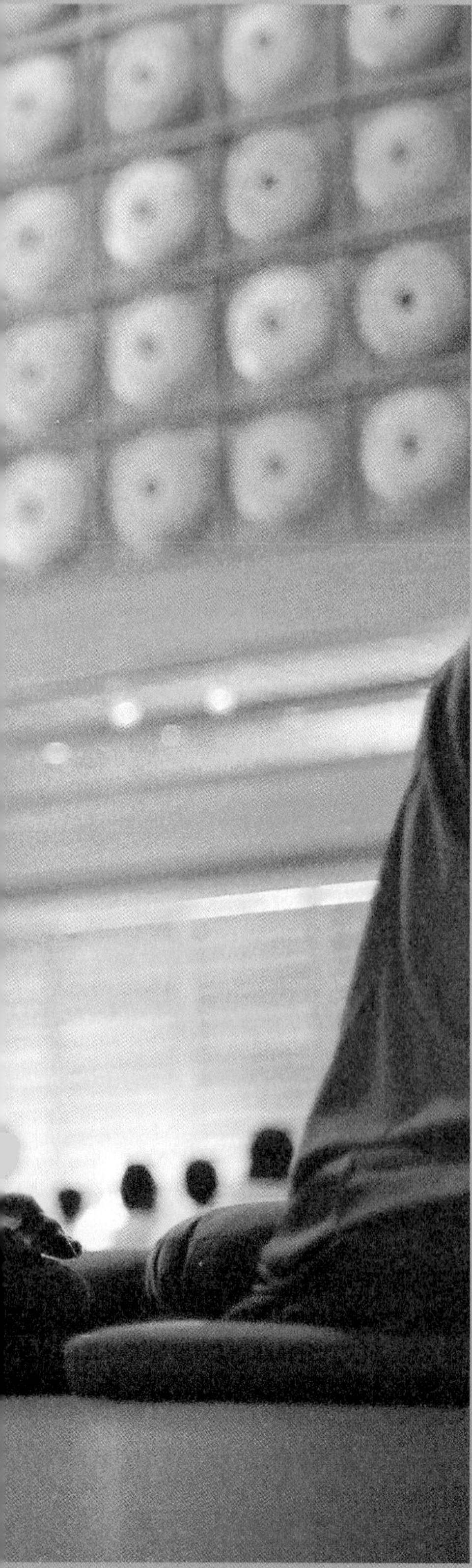

三

漢傳佛教的未來

二〇〇五年十一至十二月記事

十一月十五日，星期二

上午在法鼓山國際會議廳對體系內的僧眾、專職及護法悅眾舉行精神講話，我主要是勉勵大家要朝國際化、普及化和年輕化這三個目標邁進，在今天及未來的佛教，都必須具備這三個條件，也是必要的三種作為。如果不能普及化，佛教就會跟未來脫節；無法國際化，佛教不會受到國際社會重視；缺乏年輕化的佛教，則只有衰微，成為老人的宗教。

過去傳統的漢傳佛教，多半是山林式潛修，或者是以寺廟為中心的宗教，其活動範圍多半就在國內，很少走向國際。原因是教

聖嚴法師的精神講話，總能帶動大眾全體的願心以及道心。在法鼓山的國際會議廳裡，法師勉勵大家要朝國際化、普及化和年輕化邁進。

育不普及，缺乏高等教育，因此也不會有國際化的人才，普遍欠缺國際語文能力。在我這一代的出家人之中，能夠講英文的不出幾人，大抵都缺乏國際語文能力，因此很不容易走出去；有時甚至遇有外籍法師來到台灣也不敢接待，唯恐不知如何接待互動，因此只有仰賴翻譯人員，可是居間的翻譯人員對佛教名詞不一定懂得，因此，傳統佛教界與國際的溝通非常辛苦。

有鑑於此，我對人才的培養非常重視語文教育。在法鼓山，每個部門都非常重視語文教育。現在山上能夠精通外國語文的，大概有幾十個人，除了僧伽大學的學僧以外，中華佛學研究所及法鼓佛教學院，也都有使用外文上課。最近有四位大陸的法師到山上參學，上課時他們就顯得有些吃力了，雖然老師是中國人，但用的是原文教材，所以他們跟得有點辛苦。

今天的佛教如果不重視國際化，未來是沒有前途的。現在宗教在國際上競爭非常激烈，這種競爭，不是武力競爭，而是用國際共通的語文彼此互動，以及從事於社會服務來接引人，如此才有生存的空間。現在藏傳佛教的出家人，在印度也好，在尼泊爾也好，普遍都是講英文，至於南傳佛教的比丘，如泰國、斯里蘭卡，他們的英文程度也很好。在這方面，漢傳佛教是遠遠落於人後，我們要趕上國際佛教的潮流，一定要走向國際化。

再者是年輕化。如果不能年輕化，漢傳佛教的未來便有隱憂，便有絕後的可能，如此，未來的佛教將只剩下藏傳和南傳佛教，或者是漢傳佛教的薪火只在日本和韓國流傳下來，而在中國徹底滅絕。為什麼是在日、韓？因為日本有多所佛教大學專門在培養佛教的人才，而韓國也有東國與圓光這兩所大學化育下一代的青年。另外，越南的出家人語文程度也很好，我在國際場合遇到的越南法師，不是講中文，就是講英文，他們對漢文非常重視，英文也是必須學習的。普及化、國際化和年輕化，是佛教必須的要件，也是當務之急，這是我這次精神講話主要的目的。

● 十一月十九日，星期六

印順長老的高足，福嚴精舍住持厚觀法師，也是中華佛學研究所的校友，為了出版《印順導師永懷集》紀念專冊來向我索文。此時我才剛出院不久，無法執筆，便由我口述，整理成〈印順導師與我〉一文，談的都是過去數十年間我與印老互動的往事。

我雖不是印老的學生，但是我對印老非常感恩，我從他的著作獲益許多，而我思想的成形，也從中受惠不少。我也提出幾個建議，例如他們有一個基金會，可以把印老的著作進行系統整編，使之成為各佛學院的教材，及適合一般社會大眾閱讀的讀物，最好也能夠使長老的著作國際化，譯成國際語文，如英文及其他的歐亞語文。

十一月二十日，星期日

我自住院以來，很少與僧團大眾見面，也很少直接關懷他們。這天我到了山上跟僧眾一起過堂用早齋，也講了開示。我的目的，一方面是讓大家看看我，同時也以「解脫道與菩薩道」為題，闡述出家的種種好處及種種障緣，練習解脫道的觀念及菩薩道的方法，以及解說法鼓山心靈環保的理念。這次開示的內容比較廣泛，對出家眾是比較有用的，因此就把山上的僧眾、學僧及住山行者等，都請到齋堂一起用齋，聽我講開示。

聖嚴法師在出院後，難得與僧眾一起用早齋並開示，法師們都珍惜機會專心聆聽。

十一月二十二日，星期二

晚間，外交部的非洲司司長李辰雄先生和夫人蔣維瀾女士到農禪寺來看我。這位蔣女士是我師父東初老人的弟子蔣伯邢菩薩的千金。蔣菩薩是位法官，在我師父住世時，經常到文化館向我師父請法，而文化館有任何法律的問題，也都是請他協助，他與文化館有很深的法緣。蔣菩薩過世時，當時我的師父已經圓寂，便由我們農禪寺的菩薩做了關懷的佛事，所以他的家人對此非常感念。

這位李司長的學問好，文筆出色，很會寫詩，當天他也送了我兩本詩集。不過，我最期望的還是希望他們全家人都能夠一起學佛，不只上一代的人學佛，下一代也能夠學佛。

● 十一月二十八日，星期一

下午，立法委員蔣孝嚴先生到安和分院來拜訪我，主要是為了一個大陸傷殘人士表演團體即將來台演出，其中有一部作品名為《千手觀音我的夢》，是佛教的題材，蔣立委希望演出之前，我能與團員們見個面，我答應了。後來這個團體延至翌年才到台灣演出。

蔣立委對兩岸交流非常用心，他對在大陸的台商做了很多關懷。他原來是從母姓，去年復歸蔣姓，真正地認祖歸宗。他告訴我，去年夏天當他回復蔣姓，他的內心非常激動，開車經過北投途中，特別繞進農禪寺一趟，為的是向我分享他人生中的這樁大事。只可惜當時我在美國，沒能接待他，而他願意把心中的激動與喜悅，同我分享，是把我當成長輩看了。

十二月三日，星期六

下午，我在法鼓山上，為東森電視台成立十五週年，錄製了一段祝福談話，這是由邱佩琳菩薩居間聯繫促成的一個因緣。我主要是勉勵東森電視台，一個大眾媒體能在激烈的競爭環境中走過十五個年頭，確實很不容易，但是媒體仍應有一份社會責任，因此我期許東森能扮演「媒體模範生」的角色，把正向、健康的訊息，傳達給我們的社會。

十二月四日，星期日

我接受了《康健》雜誌專訪，談的是新年專題。這段時間我還無法接受較長時間的訪談，因此改以書面提問，由我口述，經整理後，再提供給《康健》雜誌。過去我在《康健》雜誌上曾有一個專欄，日後集結出版《歡喜看生死》一書，頗受歡迎。自此以後，《康健》雜誌每隔一段時間都會來採訪我。

● 十二月七日，星期三

七至九日，一連三天，到台大醫院定期回診。我在手術後，每三個月定期回診一次，這次回診做了膀胱鏡及消化道內視鏡檢查。檢查結果，發現十二指腸略有發炎，大腸鏡檢查的結果則是正常的。為我做大腸鏡檢查的，是台大醫院的腸胃科權威翁昭旼醫師，這位醫師的醫術很好，他替我做檢查時，我一點也不感覺痛，狀況很好。這次回診，仍由台北市副市長葉金川先生為我捐了血小板。

另外，就在回診期間，前交通部長葉菊蘭女士和副總統呂秀蓮

● 雖然身處在病中，在聖嚴法師的生活中，每日常有大量的資料或文稿需要閱讀。

女士相繼於七、八兩日來院探望我。葉菊蘭菩薩很有善根，過去她曾訪問法鼓山，後來也經常來看我，而呂副總統會來探望我，便是葉菊蘭菩薩告訴她消息的。

●十二月十四日，星期三

洗完腎以後，我去探望了前外交部常務次長歐陽瑞雄先生，歐陽次長因罹患癌症而住進台大醫院，已至癌症末期。我勸他要念〈大悲咒〉，把生死看開；也告訴他不要怕死、不要等死、不要尋死，活著一天就有一天的價值。

我和歐陽瑞雄夫婦結識得很早，早在一九九五年他擔任駐洛杉磯處長時，我們就認識了。

一九九九年四月我到新加坡弘法，那時歐陽處長也已轉調新加坡擔任代表處處長。當時，法鼓山新加坡聯絡處的負責人朱盛華菩薩告訴我說，歐陽夫人希望見我一面，因此我到了處長官邸為他們全家人祝福，主要是為他們主持皈依，也講了開示。歐陽瑞雄的夫人因多年前的一場車禍，此後必須借助輪椅，她本來非常倚重先生，可是歐陽次長生病以來，她反而變得很堅強，轉而安慰先生不要牽掛，她會活得堅強。這很不簡單。

● 十二月十六日，星期五

下午在安和分院見了教育部長杜正勝先生，我們談起剛剛通過的私立學校法，同時也就宗教藝術做了意見交換。我和杜部長初識於二〇〇三年故宮推出的福爾摩沙特展，那次展覽，把十七世紀荷蘭統治台灣時期的古碑、船舶、貨幣、藥材及文獻等逐一呈現，當時的故宮博物院院長就是杜正勝先生，而我的參訪，還勞動了院長親自陪同解說。

● 聖嚴法師應邀出席故宮福爾摩沙特展開幕典禮，會後仔細觀賞展品。

可是，等到杜部長蒞臨法鼓山的活動時，我們卻大為失禮。有一次我們辦了一場國際學術研討會的迎賓晚宴，杜部長由台北市議員陳秀惠菩薩陪同，意外蒞臨會場，但是從頭到尾都沒有人來告知我，就是讓部長默默與會。雖然事後，杜部長一點也不為意，這使我很感激，又覺得很失禮。

十二月十七日，星期六

高雄縣縣長楊秋興先生與高雄縣政府民政課課長蔡振坤先生一起到山上來看我，楊縣長告訴我，他從電視上看到法鼓山的落成開山大典，非常震撼，也非常感動。楊縣長來看我的時候，正在尋求競選連任，我勸他要更用心、更努力，要做更多奉獻，後來他高票當選了。

楊縣長出生於貧苦農家，雖然個頭小，但是當他站於台上宣讀政見時，卻是氣勢磅礴，而有一種勇於任事、勇往直前的氣度。他的判斷果決，貫徹實踐，政績頗受肯定。楊秋興縣長曾經參加我們幾次的禪修營，對法鼓山非常關懷與照顧。

十二月二十五日，星期日

駐美大使李大維先生偕同家人，上午到法鼓山園區來拜訪我。李大使是位專業的外交官，對台美關係非常用心，外交工作做得很好。這次他來看我，是由於他個人對我有一些景仰，同時也想參觀剛剛落成的法鼓山。此行來訪，除了對法鼓大學進度及法鼓山國際化作為極表關心，也邀請我也到華盛頓的雙橡園看看。他對佛法很感興趣，雖然過去並沒有學佛，但對佛教是關心的，並不陌生。

中午，我也在山上見了台大醫院復健部的林訓正菩薩。我在手術後，常常感到肢體僵硬，便由黃淑媛菩薩介紹林菩薩替我做復健，後來他也成了我的皈依弟子。林訓正菩薩過去為我做治療時，是他到洗腎室來協助我，現在則是我每週的週一和週三到景福門診去看診，每次約二十至三十分鐘。

● 十二月二十八日，星期三

● 聖嚴法師即使在病中，仍不斷「盡形壽，獻生命」，努力為大眾說法與關懷祝福。

旅美藝術家蔡國強菩薩下午到安和分院來看我，我也特別從精舍到安和分院去接待他。蔡國強是國際知名的爆破裝置藝術大師，他的裝置藝術，是將實體裝置用火藥爆破，來呈現他的創作。例如台中的國立台灣美術館就有一件他的作品，那是借用美術館一間尚未完成的展覽館，從外牆、柱子到門外，都綁上火藥引信，然後經他一燒，火藥爆破，留下了痕跡，這個痕跡就是他的藝術作品。

他現在在國際上很活躍，他的爆破藝術在美國燒，在大陸燒，在台灣也燒。而我和他的結識始於九二一大地震災後，是透過建築師葉榮嘉菩薩介紹認識的。當時我問他能不能為九二一大地震留下一幅作品？他同意了。但是我很好奇，火燒之後如何留下作品？結果他在台中美術館廣場上搭一個舞台，在舞台上架起一片木板，這片木板有十幾公尺長，就在木板上釘上紙片，紙片上接上火藥引信，而排列成大地震地震儀上所留下來的振幅曲線。結果他這一燒，就把大地震的振幅曲線給燒出來了，那就是他的藝術創作，當下這個藝術品就完成了。

這件作品完成以後，當場即有一位企業家以新台幣兩百多萬元認購，我們將義賣所得捐為九二一賑災之用。而這個價錢，葉榮嘉菩薩說太划算了，真是物超所值，這幅作品的價值不只兩百多萬。但是蔡國強菩薩說他是來做義工，而買的人是善心捐款，因為善心而得到一幅藝術作品。他也非常客氣，在作品上題上我的話：「九二一大地震的所有罹難者，都是大菩薩，是老師，用生命作教材，現身說法……。」他希望由我來題字，但是我說：「這是你的作品，我的字醜，還是請你寫吧！」後來這件作品完成了，是一件完美的作品，上面也題了我的名字，而我的名字也是蔡菩薩寫的。

法鼓山落成以後，我跟葉榮嘉菩薩提起，能不能請蔡國強菩薩也為法鼓山留下一幅作品？但是山上的法師一聽可緊張了，他們說：「法鼓山讓他一燒，豈不是完蛋了？現在道場這麼莊嚴，經他一燒，豈不太可惜了？」我說，能夠讓蔡菩薩在山上留下一件作品，不管他燒了哪個地方，所留下的就是世界級的藝術創作。屆時所有的人上山參訪，必

● 爆破裝置藝術家蔡國強菩薩至法鼓山安和分院拜訪聖嚴法師。

定要看的就是這件作品，而法鼓山也會因這件作品而水漲船高。這天蔡菩薩到安和分院，我們談起了這件作品。由於他很忙，正在美國紐約和雲門一起創作，我也請林懷民菩薩轉告他，不要忘了還有法鼓山在等著他。

蔡國強菩薩的為人很樸實，外型、衣著也很樸實，頭髮理得很短，不像歐洲一些藝術大師的穿著風格，也不像中國古代藝術家的造型打扮，他是什麼藝術家的樣子也找不到，但這也就是當代藝術大師的風格。蔡菩薩是大陸福建人，近年漸漸在國際聞名，現在他留在大陸的時間並不多，更多的是在世界各國創作，國際上預約他的作品的人非常多。而他每次創作，都要花費很多時間構思，經過很深沉的思考，使得每件作品的創意都不同。

我有一本他的作品集，本來他的作品，燒了以後什麼也不留下，只留下痕跡；甚至有的作品，燒了就沒有了，什麼痕跡也不留下，只有照片可參考。有一次，他在紐約的河上燒了一件作品，燒了之後，就什麼都沒有了。

四

晚年的貢獻

二〇〇六年一至三月記事

大悲心起
圣严
和平吉祥

●一月一日，星期日

今天發生了三件事。一是新書《華嚴心詮》由法鼓文化出版；二是為了感謝我的母校日本立正大學對我的培植及眾師友的協助，於母校成立「聖嚴法師獎學金」；三則為推廣我的理念，也是佛學的普化教育，成立了財團法人聖嚴教育基金會。

《華嚴心詮》一書，是我繼《天台心鑰》之後的另一本學術著作，這兩本書都是在我七十歲後完成的學術性著作。《天台心鑰》是對明末蕅益智旭大師《教觀綱宗》所做的貫註，《華嚴心詮》則是對唐代圭峰宗密大師《原人論》所做的考釋。到目前為止，天台宗仍以《教觀綱宗》為綱要書，華嚴宗則以《原人論》為基礎概論書。

早期我也寫了一本唐代玄奘大師《八識規矩頌》的註釋，書名是《探索識界》。在漢傳佛教來講，《八識規矩頌》可說是唯識學的綱要書。本來我還想寫一本關於三論宗的中觀思想註釋，我的目的，是希望把印度佛學的各大系，各寫成一本概論書，如此便比較完整了。但是在完成《華嚴心詮》以後，因為害了病，已經沒有力氣再往下寫了。

漢傳佛教思想的難於研究，在於不易從整體貫穿來作一認識，我希望通過我所寫的幾本綱要書，能夠幫助有心研究的學生很快進入狀況。《天台心鑰》一書出版以後，曾獲中山學術著作獎，《華嚴心詮》我也是同樣下了很大的工夫，做了非常深厚的研究，有人認為也應獲獎，但是對我來說，此書能夠發行已是欣慰。這是我七十歲以後對學術界的研究回饋。

另一件事，我為母校日本立正大學提供「聖嚴法師獎學金」，單純是為了回饋，為了感恩。當年我赴日本留學，最初並未獲得支持，後來才有一筆無名氏提供的獎學金支持我，那是沈家楨居士提供的雪中送炭。因此，日後我於海內外廣設獎學金，除了表達一份感恩，也是飲水思源。

聖嚴法師開心地拿著新出版的作品《華嚴心詮》，與法鼓文化全體菩薩合影留念。

而我赴日本留學，台灣佛教界不僅不看好我，甚且還抱著一種觀望的態度，等著看我在日本留學的窘態。最後，我總算是走過來了，過程非常辛苦。因此當我自己有能力時，便想到要為台灣、中國大陸以及世界各地研究中國佛教的華裔青年，略盡一份微薄之力，盼能做到雪中送炭。這筆獎學金的總金額是五十萬美元，提供在立正大學研讀碩、博士學位的華裔學生申請，這對申請的學生來講不無小補，可持續發放好些年，因為不是每年都有華裔學生來申請的，如果那一年無人申請，即可累積至明年、後年，因此可持續發放好多年。

立正大學對於這筆獎學金也很感動，從這筆獎學金對照日本各宗派及各大學對他們本國學生的支持，相對來講是一份響應。我希望這筆獎學金的設立，能夠讓研究中國佛教的華裔學生不覺孤單，知道有人在支持他們的；也希望我所走過的時代，我曾經歷的對待，都已隨著時代改變而遠去。

過去中國佛教界忽略對下一代人才的培養，現在我們要補強，除了支持人才深造，也要為他們留意鋪設學成歸國後的奉獻機會，切勿使得過去我輩一代經受的學成卻無用武之地的遺憾，在年輕一代的身上重演。這是我當時發的願，希望自己來辦教育，並且設置獎學金幫助年輕的學子，而且不僅是考慮到本國的學生，對於海外年輕的學人，也要同等照顧。

第三件事是成立了財團法人聖嚴教育基金會。因為我的著作很多，接觸面也廣，而我自己卻從不曾對這些著作進行分類或者說明，因為實在也沒有餘力可做。我這一生對漢傳佛教所花的時間是相當多了，我的碩、博士論文都是研究漢傳佛教，我倡導的禪宗與淨土法門也都屬於漢傳佛教，我在這方面有不少著作。

另外，我在學術上也有數量可觀的著作，一般通俗性的講座講解也很多，如《心經》、《金剛經》、《維摩詰經》、《法華經》等經典講述都是，而我對禪宗、淨土的著述解說，也已出版多種作品可以參考。

而我的另一類著作——遊記類，也已出版十餘本，政治大學教授丁敏女士曾寫了一篇介紹的專文。我寫遊記的目的，不是為了瀏覽山川風光，而是從人文角度看佛教，尤其是介紹佛教的現代設施，以及我對佛教的想法和看法。

凡此種種，讓我覺得需要設立這麼一個基金會。我的目的是希望鼓勵下一代的學者，投入漢傳佛教

聖嚴法師與聖嚴教育基金會董事合照，法師賦予基金會推廣聖嚴思想與研究漢傳佛教的重要責任和使命。

的研究，以及探究漢傳佛教中的聖嚴思想、聖嚴著作對於當代社會產生的影響，以及可資貢獻於未來佛教的內容是什麼？這些都要去做，否則等我百年以後，這些書全都進了圖書館，成了冰冷的文獻，就無法被佛教與社會所用，那就非常可惜了。我看到歷代祖師大德的著作相當多，可惜研究的人通常只選定其中幾本，並沒有做出整體性的研究，也很少從不同角度來看待這些大師們的貢獻，實在可惜。

因此，我想到要設立這個基金會，雖然目前我們已有中華佛學研究所和法鼓佛教學院，也都是屬於佛學的研究教育，但是我不想打擾教育體系既定的研究計畫，再者，如果由我們的學生或老師來研究我的思想，必會招人非議，所以我把這部分獨立出來，成立了聖嚴教育基金會。

這個基金會有兩大任務：第一個任務是將我的著作進行推廣，譬如製成結緣書，至今已有十餘種，並進行多國語文翻譯。像《正信的佛教》一書，已有十餘種語文譯本，另外我有好幾篇的文章也被譯成多種語文。第二個任務，是設立一個基金，指定用於研究我的思想，譬如辦講座、學術研討會等。目前這個部分是由楊蓓教授負責，她已策畫舉辦兩次國際性的學術研討會，專門研究我的思想。也許有人認為，聖嚴的思想並不值得研究，但我想大概還不至於如此吧。

我這一生所做的，可深入、可探討的角度與面向應該還算不少，除了研究我的思想，也可以從現代社會的角度來研究我的著作、我所推動的理念和運動。如此，研究我的思想而提出幾十篇論文來，並非不可能之事。這是聖嚴教育基金會所肩負的兩大任務。

一月九日，星期一

下午在安和分院接受了《中國時報》副總編輯趙政岷先生與記者黃蕾小姐專訪，分享二〇〇六年法鼓山「和平吉祥」主題、法鼓山大學院教育的人才培養、對新年的祝福，以及針對新春活動主旨「鐘生幸福」談「幸福」的真義。這次的專訪內容，在一月二十四日的《中國時報》以兩版對開的篇幅，採問答形式刊出。

一月十四日，星期六

第十一屆佛化聯合婚禮上午在法鼓山上舉行，這是佛化聯合婚禮首度於山上大殿舉行，共有三十三對新人參加。我們的聯合婚禮有一個不變原則，歷屆證婚人都是吳伯雄先生。這屆的主婚人則請到富邦集團蔡明忠與陳藹玲夫婦，介紹人則是護法總會總會長陳嘉男與陳美智夫婦，陳總會長夫婦也是佛化婚禮常任的介紹人。

美國伊利諾大學芝加哥分校的丘成棟教授，上午也到山上來拜訪我，和我討論一些佛教名相的問題。丘教授一家都是俊傑，他的兄長丘成桐教授曾榮獲數學獎的最高榮譽菲爾茲獎，姊姊丘成瑤居士也很優秀，是我們的護法菩薩。

下午三時，我到中國電視公司錄製《不一樣的聲音》十週年特別節目。這個節目的製作人是張光斗菩薩，信眾何周瑜芬居士則是幕後長期的支持者。一個電視節目能持續播出十年，多達五百集，真的很不容易。本來這個節目還可以繼續下去，但因我生病了，無法再像過去一樣每星期提供一集節目而告中止，這個節目停播了，張光斗菩薩很傷心。

傍晚，返回農禪寺為社會菁英禪修營共修會講了開示。這個共修會的成員，都是由曾經參與三天社會菁英禪修營的菩薩組成。社會菁英禪修營最初是在法鼓山上舉辦，之後有幾次改回農禪寺舉行。在山上的修行場地，最早是在觀音殿，後來改至臨時寮，在禪堂落成以後，也就移至禪堂舉行了。

我記得有一次在農禪寺辦的時候，正好遇上一場大颱風，颱風夜裡風強雨勁，把農禪寺的屋頂都掀掉了，當時學員睡的寮房就在二樓，因此，大家就在夜裡把床鋪搬過來搬過去，後來全體改睡在一樓的大殿，很有意思。

共修會成立以後，都是固定在農禪寺舉行共修，至今依舊，主要是交通比較方便。共修會的活動則安排在週末假日午後舉行，通常是午後四時開始報到，接著打坐一小時，五點聽我講開示，晚上六時則準備晚餐。用完餐後，會安排一位學員分享禪修的心得。

共修會成立至今已十多年，創始會長是前政治大學校長鄭丁旺菩薩。這十多年來他只缺席一次，那是因為出國而不得不請假，其餘時間都到了，這很了不起。這次我講的開示，主要是勉勵大家發願，居士護法的力量很大，只要有願心，就有學法和弘法的熱忱。

一月十五日，星期日

「春秋會」和「金石會」這兩個工商團體的成員約四十餘人上午來山參訪，我和他們見了面，這次活動是由監察委員李伸一菩薩接引。來訪的貴賓包括宏碁集團的創辦人施振榮夫婦、台北長庚醫院院長陳敏夫夫婦，以及台塑集團王永在先生的夫人等，他們多半是首度上法鼓山參訪，主要是想認識法鼓山這個團體。我告訴大家，法鼓山與一般的宗教團體不同，我們是一個宗教的教育團體，主要從事著社會教育與社會關懷的工作，是以禪法的精神，透過心靈、生活、禮儀與自然等環保為著力點，改善我們的社會風氣。

●一月十九日，星期四

上午在法鼓山國際會議廳，對僧團、專職菩薩及各地悅眾舉行精神講話，主題是「大悲心起——在生活中體驗佛法」。

●一月二十二日，星期日

護法總會中午在農禪寺舉辦了一場歲末圍爐關懷，我到場講了開示。我自害病以來，很少有機會關懷護法體系的菩薩們，我也知道大家都很關心我，因此除了講開示，也向大眾談及我的病況。

●一月二十六日，星期四

上午在法鼓山禪堂，為「卓越・超越」青年成長營講了開示。每個世代的年輕人，都有個共通點，都對未來懷抱無比的熱情和希望，但也常因不切實際，而流於空洞的幻想。因此我告訴青年朋友，要趁年輕時及早建立正確的價值觀，對世界要有責任感。我也勉勵大家，既然已經學佛，就要做一個標準的佛教徒。

另外，中午的僧眾圍爐，以及下午在開山紀念館舉行的辭歲禮祖，我也到場進行開示。像這樣的活動已行之多年，這次則是我們首次在法鼓山上舉行。

辭歲禮祖主要有二重意義，一是為了感恩，感恩諸佛菩薩的佛力加被，感恩釋迦牟尼佛修行證道而有佛法，也感恩歷代祖師的弘法護法，使得十方常住的智慧與法脈得以綿延長流；其次，要報恩，就是把弘法、傳法的責任肩負起來，讓現在與未來的眾生能夠同享佛法的利益，這既是報恩，也是我們的責任。

聖嚴法師在開山紀念館與僧眾進行辭歲禮祖，感恩諸佛菩薩與祖師大德，並勉勵弟子們要發菩提心，弘傳漢傳佛教。

●一月二十八日，星期六，除夕

除夕晚間十二時，我們在法鼓山大殿辦了一場「鐘生幸福」活動，由新聞主播靳秀麗菩薩擔任主持人，這也是我們首度在山上舉行跨年，參加的對象多為內部信眾。

●一月二十九日，星期日，大年初一

今天是初一，警政署署長謝銀黨先生與夫人林薇萍女士、台大醫院心臟內科廖朝崧醫師闔家，以及為我們主持「鐘生幸福」活動的靳秀麗菩薩和其夫婿前新聞局局長邵玉銘先生等人，都到山上來看我，向我拜年。雖然靳秀麗菩薩是佛教徒，邵玉銘先生是基督徒，但是他們在信仰上彼此尊重，家庭生活很和諧，除夕的跨年活動邵先生也一起參加了。

●一月三十日，星期一，大年初二

廣達電腦董事長林百里先生偕同廣達文教基金會執行長楊秀月菩薩，下午到農禪寺來向我拜年。我與企業界的往來並不多，過去曾與聯電的曹興誠董事長有過數面之

緣，曹董事長日後也參加了我們三天的禪修營。至於我與林百里先生的結緣，最早是由一位台灣科技大學的教授為我引介楊秀月菩薩，而由楊菩薩接引林董事長到農禪寺來看我。曹興誠與林百里董事長，日後都贊助了法鼓山的公益及青年活動，我非常感謝他們。

二月一日，星期三，大年初四

新年期間，聖嚴法師親臨新春法會現場，關懷大眾。

新書《從心溝通》由法鼓文化出版。這本書是從電視節目《大法鼓》的談話集結成書。《大法鼓》這個節目所產生的效益，遠遠在我預期之外，除了在台灣播出，也在美國當地的有線電視台播出，此外，電視訪談的內容除了整理成書，也製成影音光碟，這都是意外的收穫。在文字出版方面，之前出版的《找回自己》，也是從《大法鼓》節目講錄集結而成。

● 二月二日，星期四，大年初五

國有財產局局長郭武博先生，以及台大醫院胸腔外科主任李元麒醫師、金山醫院院長林忠熙醫師等人，相繼上山來向我拜年。郭局長過去在擔任副局長期間，就和我們有一些互動，他對法鼓山很關心。李醫師雖非我在台大醫院診療的主治醫師，也不是照顧我的醫療團隊成員，但是他對法鼓山很感興趣，新春特別上山一趟。

● 二月四日，星期六

台大醫院泌尿科主治醫師蒲永孝醫師偕義母嚴張美珥女士，上午到法鼓山參訪，並向我拜年。蒲永孝醫師是我在台大醫院的主治醫師，非常用心照顧我，我一直想不到用什麼方法感謝他，只有邀請他上山來看看我們的環境。而他的義母嚴張美珥女士，是已故董氏基金會創辦人嚴道先生的夫人，董氏基金會和消費者文教基金會是國內兩個經營得非常成功的公益基金會，值得各基金會學習。

二月五日，星期日

陶藝家連寶猜老師和夫婿陳秋吉先生，偕同陶坊學生一行二十餘人，下午來山參訪。法鼓山上展示的畫作，到目前為止只有三件，其中的兩件便是連寶猜老師的心血，即《人間淨土》與《耕心田》。這兩件作品都是由我提出想法，之後請連老師構思呈現出來。她為了這兩件作品，花了很多的時間和心力。作品完成後，一開始

陶藝家連寶猜老師應聖嚴法師邀請，完成的《人間淨土》作品。內容以世界各宗教、族群以及娑婆世界各類的有情眾生，構築出聖嚴法師心中的人間淨土。

我覺得氣勢還不小，可是一掛上去以後，因為我們的場地實在太大了，作品頓時顯得小了。

另外，新竹法源寺住持寬謙法師和她的俗家兄嫂王維尼女士，上午也上法鼓山來看我，現場送了我們一尊楊英風大師創作的銅鑄觀音，我也以一尊祈願觀音的銅鑄造像做為回贈。

● 二月十二日，星期日

下午在法鼓山大殿舉行了皈依大典，這是我們首度在山上舉辦皈依典禮。過去我們為了辦皈依典禮，曾更換過幾次場地。最早是借士林中正高中大禮堂舉辦，那地方可同時容納兩千多人，只可惜道場的氣氛出不來。後來改至農禪寺舉行，但受到場地限制，大殿無法同時容納兩、三千人一起皈依，因此就把農禪寺的每個殿都開放，包括新禪堂、齋堂、二樓禪堂和新簡介館等，都充作臨時佛殿，然後再從大殿輸出視訊到各場地，才能使活動同步進行，也一起聽我講開示。

過去我們在農禪寺舉辦皈依大典的時候，每次都有一、二千人參加，在法鼓山落成以後，我們想到這個活動如果能夠在總本山舉行，會更有意義，因此首度移至山上舉辦。可是這麼一來，參加的人數卻減少了，原因是金山距離台北市區較遠，交通比較不便，所以經過這次的經驗以後，皈依典禮又改回在農禪寺舉行。

二月十九日，星期日

護法總會正副會團長、正副召委及委員授證典禮，下午在法鼓山大殿舉行，我到場為菩薩們授證，也講了開示。主要是我向菩薩們表達感恩之意，因為法鼓山的一切，不論建築或者景觀、道路，乃至一磚一瓦、一草一木，都是來自護法菩薩的奉獻和護持。我也向大家分享，法鼓山落成以來，上山的訪客都認為法鼓山的建築素樸高雅，自然形成一種「法鼓山的氣質」。

我希望法鼓山能營造成一個景觀的道場，發揮境教的功能，讓所有來山參訪的人，都能夠感受建築與環境散發的清淨氛圍，進而有所體會，有一些收穫，因此稱這裡為「法鼓山世界佛教教育園區」。

三月二日，星期四

上午在法鼓山海會廳，法鼓山人文社會基金會與台中的亞洲大學共同簽訂了「法鼓人文講座」，由我和亞洲大學校長蔡文祥先生共同締約，亞洲大學創辦人蔡長海董事長、副校長彭作奎先生、教務長許志賢先生、總務長朱界陽先生等人也都到場見證盛會。亞洲大學的前身是台中健康管理學院，今年陞格為亞洲大學，雖是一所新學校，但是辦學成果非常優秀，四年內就陞格為大學。在我們提供法鼓人文講座之後，成為繼台灣大學與成功大學，台灣第三所設立「法鼓人文講座」的學府，另外，「法鼓人文講座」也與中國大陸的北京大學、清華大學、南京大學、廣州中山大學簽訂了合作契約。

● 三月四日，星期六

四日至六日，一連三天，第五屆「中華國際佛學會議」在法鼓山國際會議廳舉行。本次大會主題為「觀世音菩薩與現代社會」，共有來自美、日、韓、德、澳洲、中國大陸以及台灣等地的學者參與，共發表二十五篇論文。我在四日的開幕式中致詞。

中華國際佛學會議的永久主題是「從傳統到現代」，我們研究佛學的目的，是為了對現代社會有用，也與全世界人類分享。此次大會以「觀世音菩薩與現代社會」為題，具有數層的意義：其一，我個人從小修學觀音法門，實踐觀音法門，也用觀音法門來指導修行；其次，法鼓山的出現是從觀音菩薩感得的因緣，使我們在一九八九年找到金山這塊地；其三，二〇〇五年法鼓山的落成開山大典，便是以觀音菩薩道場為立足點，推動「大悲心起」的精神主軸，因為不論是否具有佛教信仰，大悲心是人人都需要的，也是人人願意接受的。

晚間，我們也在山上的國際宴會廳舉行一場迎賓晚宴。晚宴中有個插曲，我在日本立正大學的學友三友健容教授，突然當眾展示一幅書法，起初我也不明白，可是三友教授一直看著我，又指出紙上的落款，這才發現原來是我寫的。那是三十年前當我取得博士學位之後，就要離開日本，而在臨行前夕寫了這幅字送給三友教授，內容是從《法華經．如來壽量品》而來：「一心欲見佛，不自惜身命，時我及眾僧，

日本立正大學三友健容教授，展示聖嚴法師三十年前贈送的墨寶，讓法師十分的驚喜。

俱出靈鷲山，我時語眾生，常在此不滅。」不過，這事我老早忘了，現在看起來，字寫得還可以。我也請三友教授把複本留給法鼓山，這也是一個紀念。

金山鄉鄉長的許春財先生也於上午到山上來看我。許鄉長希望法鼓山能夠協助推動地方建設，支持金山醫院的興設，但是我說，我們是一個非營利團體，目前也正在募款興建法鼓大學，實在力有未逮，這點鄉長也了解。另外，鄉長也希望我能向台大醫院代為轉達，由台大醫院來接管金山醫院。本來金山醫院最初即與台大醫院洽談合作，後來因為種種因素而中止。我也確實為此向台大醫院院方提起兩次，現在金山醫院也已成為台大醫院的分院。

● 三月七日，星期二

七日起至十一日，到台大醫院定期回診。我是每三個月需要回診一次，回診時需做膀胱鏡追蹤檢查，必要時則進行手術。在每次膀胱鏡檢查前，都需要接受輸血，因為我的血小板不足，止血不易。這次為我捐血小板的是我的出家弟子常持，他為我捐了二十四個單位血小板。

這次檢查結果，發現在我膀胱長了三個0.2公分的息肉，疑似腫瘤，必須切除。接著連做三天的雞尾酒化療，把藥劑打進我的膀胱，約一小時後抽出，這個過程很不舒服。一方面是因為我的膀胱腫瘤已經切除，形成傷口，再經藥物注射，非常不舒服。在過程中，醫生要我忍耐一小時，但至第十五分鐘，實已無法忍受，只能告訴自己這是在治病，是在救命，應該忍受。就這樣捱過一小時，覺得痛，但是不苦。

這段期間，台北市副市長葉金川先生也到醫院來探視我，他曾兩度為我捐血小板，使我非常感念。我曾想親自到市政府登門致謝，但他說我是長輩，讓長輩來訪不成體統，而且這是他私人的事，與市府職務無關。所以市政府的拜會我沒去成，反倒是讓他到醫院來探望我了。

三月十八日，星期六

台北縣副縣長李鴻源先生上午到法鼓山來拜訪我。李副縣長過去曾在省政府服務，也曾任教於台灣大學，他對生態環境非常關注。他來看我，是希望藉由法鼓山的影響力，呼籲各界重視生態保護，同時對當前台灣社會的外籍新娘及新住民等問題，與我交換意見。

下午在山上，我們辦了一場感恩茶會，對象是「中華佛學研究所遷建工程委員會」及「中華佛學研究所工程發包委員會」的委員們，我也當場宣布「遷建工程委員會」任務圓滿，正式功成身退。

「中華佛學研究所遷建工程委員會」的由來，是因早期護法菩薩們對我的愛護，他們擔心我太忙，因此建議法鼓山的工程遷建，從發包、採購等事項，不勞我費心，就由他們居中協調，而以楊正菩薩為遷建主委，施建昌菩薩擔任副主委，還有幾位熱心的居士擔任委員。他們是一片赤忱希望替我分憂解勞，初期也確實發揮功效，為我分擔一些工作。但是後來隨著工程日益繁複，涉及的層面也愈來愈廣，遷建委員會內部也出現不同的見解，致使事情本來只有一樁，卻演變成由我來協調委員會，再由委員會去協調工程事宜，反而更繁複。因此我把工作收回，但是委員

● 聖嚴法師與功成身退的「中華佛學研究所遷建工程委員會」、「中華佛學研究所工程發包委員會」委員合照留念，感恩他們多年來的護持與辛勞。

會仍存在，至今日宣布解散。

另外，一九九七年成立的工程發包委員會，則單純地負責發包事項，也在下午一併舉辦了感恩茶會。

三月十九日，星期日

內政部部長李逸洋先生偕同兒童局局長黃碧霞女士、民政司司長黃麗馨女士等一行人，上午到法鼓山來拜訪我，我們談起了當前社會的自殺潮、新住民、高風險家庭及家暴等等的社會問題。李部長希望結合政府與民間的力量，共同思考解決的辦法，並且希望由我來拍攝公益廣告，呼籲社會尊重生命的觀念。尊重生命不僅是尊重自己的生命，也要尊重他人的生命。

下午，則有前國安局局長蔡朝明先生偕同好幾位已退休的將軍到山上來拜訪我。我和蔡先生結識於二〇〇二年，當時他邀請我到國家安全局做一次專題演講，他知道我曾在安全局轄下的一個軍事單位待過，也就把我當成同事，尤其我在軍中服役的單位他也待過，因此待我非常親近。他本身對佛法很有信心，但是這次見面以後，並沒有再見他上法鼓山來。很多政治人物均是如此的，他們在任時會來親近法鼓山，但是下台或者退休以後，反而不好意思來打攪了，如果我不主動找他們，他們不好意思上山來。事實上，我非常歡迎他們來學佛的。

● 三月二十一日，星期二

前行政院長孫運璿先生的千金孫璐筠女士等一行人，下午到農禪寺來拜訪我，向我表達感謝之意。這是因為孫前院長的身後佛事，法鼓山的蓮友做了關懷，為此向我致意。其實，法鼓山能夠參與協助孫前院長的佛事，這是我們的光榮。孫前院長一生清廉，毅力堅韌，尤其在他中風生病以後，還是投入於公益活動，使人感佩。孫女士告訴我，他們全家在這場佛事中深受感動，尤其助念的力量，實非言語可以形容，往後她也會把學佛當成生命中一件重要的事。我聽了覺得很欣慰，也為他們闔家祝福。

● 三月二十六日，星期日

台北縣縣長周錫瑋夫婦下午到法鼓山來看我，與我談起了單親家庭、原住民、中輟生、外籍新娘及新住民等等的社會隱憂。我向周縣長建議，中輟生的問題，不僅僅是小孩與學校的問題，父母也要跟著一起學習。許多社會問題的發生，都是源於父母疏於管教。因此要改善青少年的問題，不光是從青少年教育著手，父母也要一起成長。

附錄

病中手書

近數年來雖然在國內外及教內外極其忙碌，但也都是以老病之身戮力以赴，故亦時常是在生死邊沿過日子。三年多前，時任法鼓山文教基金會祕書長的戚肩時將軍，擔心我隨時都可能往生，勸我早些確定後事及考慮接班人的問題。

亦於此同時期，我在紐約及台北兩地的主治醫師，都告知我腎臟有狀況，所以開始打補血

聖嚴法師親自用毛筆所撰寫的〈病中手書〉。

針並服用鐵劑，以助造血功能。接著台大及紐約康乃爾大學兩院醫師，先後告知我準備洗腎，但我不為所動。

到去年（二〇〇五年）三月十六日於台大醫院檢驗尿、血及腎臟超音波，均尚未發現腎異常，但至去年八月二十九日午後，往台大醫院探視戒德長老膽結石手術，醫生要我順便檢查腎超音波，結果發現左腎有一顆已經不小的腫瘤，勸我立即住院。我猶不願信為事實，因此另於三十日前往榮總再做一次超音波檢查，證明確有腫瘤，便決定於九月二日住進台大病房，選定腎臟科蔡敦仁教授及其博士弟子林水龍醫師，泌尿科外科蒲永孝醫師操刀主治。外科手術分成兩階段：一、檢查膀胱鏡，左腎切片，左輸尿管探視；二、左腎腫瘤處理。

九月六日上午八時進入第一階段開刀房，從前一天晚上即斷飲食並徹底清胃、清腸。開刀房的預備室非常忙碌，躺在病床被推進去排隊的病友似乎滿滿的，我只是其中之一，接著由預備室的護理長及另一位護士把我推進開刀房。只剩我一人，非常靜，心中一片空明，分分秒秒都像是無限的無量的存在，也像時空已經離我而去，正是美好。我的主治醫師來了，麻醉醫師來了，都像是佛菩薩那樣地慈悲親切，然後我就完全不知身心是在何處了。

從恢復室醒轉過來，已是上午十時三十分，沒有其他感覺，只是好冷，蓋上被子，也有二台熱光燈在身旁。十一時把我推回病房，才覺得尿道被插了導管，頗不舒服，漸漸地又發覺左腎及左輸尿管，相當疼痛。

蒲永孝醫師告知我，他用管鏡看到了左輸尿管，但因左腎的腎盂部分彎度太大，所以未能探入，不過，反正是要把左腎切除了，看不到亦無妨。如此過了二天，導尿管拔除了，恢復了自由行動，血尿也好轉了，唯左邊輸尿管依舊疼痛得厲害，醫師安慰我說：「再過幾天，反正要連左腎一齊切除了，稍微忍耐一些吧！」

在決定要入院之前，連日來均極忙碌，八月下旬為了法華鐘的品質驗收，前往日本南部的富山縣高岡市老子株式會社現場，返台後又有一連串的活動及會議。其中最重大的一樁事，乃為九月二日上午，在快速度中完成法鼓山僧團首度舉辦的傳法大典。挑選了十二位當時的主要執事：惠敏、果如、果暉、果醒、果元、果品、果

聖嚴法師親赴日本老子株式會社，進行法華鐘的驗收，親自仔細地察看法華鐘上的鑄字。

峻、果東、果廣、果鏡、果肇、果毅。其實是就他們現職做任務交代，要他們以團體力量來繼續推動中華禪法鼓宗的弘化使命。

到了九月十二日，第一階段的檢驗報告完成，於是晚上又斷飲食清腸胃，準備次日再進開刀房。九月十三日上午八時，經全身麻醉，時空成了空白，醒來後，已過四個半小時。待我醒轉過來時，身上多了五條導管，躺在加護病房的床上動彈不得，見到果廣等在病榻前輕聲告知我：阿彌陀佛！一切順利，已由主治醫師將我的左腎剖開給他們看過，腎盂部分有一顆腫瘤，所幸尚未破裂穿透腎壁，內部肉色雖已略呈暗灰，外皮尚未被破壞，切除之後應當無事了。

住在加護病房，因為同房間中另有其他病友，數位護士以及值班醫師，不時在病房中進進出出，我則於麻藥退後，傷口疼痛異常。醫生問有幾分痛？三分痛忍一忍，十分痛就會打滾了，那就必須再用麻藥，並且給了一個小橡皮球，握在手中，囑我痛得不能忍受時，便捏一下小皮球，麻藥自動進入我的體內。我用禪修時對付腿痛的觀想法，不欲乞求麻藥的幫助，居然也很管用。

醫生規定護士每隔一段時間要為我注射一次消炎針，鼻孔戴上氧氣罩，手臂上埋著軟針，經常在給我吊點滴，由於體內注進的水分太多，以致水分多聚積到肺部去了。經過X光檢查及超音波透視，由何弘能副院長召集了醫師群開會決定，認為我必須馬上做洗腎的準備手術，同時進行肺部隔膜穿刺，本來左右兩肺均有積水，像水箭似地噴射出五百多西西血水之後，右肺也緩和了下來。

至於洗腎，它的正式用語有兩種：一是血液透析，二是腹膜透析。我則不習慣經常要在小腹內灌入一、兩公升的藥水，而且兩個洞口若引生潰瘍等疾病，也很麻煩，所以採用了血液透析法。此法須經兩個階段：長期用的，是在左手腕上端開刀，將動脈血管接通靜脈血管。因為我的症狀，必須立即洗腎，於是短期先在我的右側鼠蹊部動脈血管，開了一個洞口，將進血及出血功能的管子接在洗腎機上。

這已是我從開刀房出來的第三天下午，病情如果惡化，出現幾種併發症，便隨時可能往生，因此照顧我的洪淑娟及黃淑媛兩菩薩，為我徘徊於生死邊沿的期間，日以繼夜焦慮地守在病房外。我的幾位出家弟子，雖也不時來探望我，畢竟是出家人，又對病情不甚了解，倒不覺得有多少恐慌。我自己則除了面對疼痛，心中則反而非常平靜安閒。

我在加護病房住了九天，至九月二十一日總算已脫危險，而轉換到普通病房，直至十月二十七日終於辦了出院手續。在此期間，於鬼門關徘徊了幾趟，嗣後我必得每週三次入院洗腎，成為終身的功課了；每三個月必得住院上手術台一次，老病相隨的經驗，因此體會更深。

編案：此書為二〇〇六年三月，師父親筆留下的病中記事手稿。詳盡地記述了二〇〇五年九月，因左腎腫瘤住進台大醫院的治療過程。

五

珍惜生命

二〇〇六年四至六月記事

四月六日，星期四

上午在法鼓山國際會議廳，為全體專職、僧眾及悅眾菩薩舉行精神講話，勉勵大家都能夠做一名標準的法鼓山菩薩。

四月八日，星期六

上午前往位於台北內湖的年代電視台接受《解讀年代》節目主持人顧名儀女士專訪，談到當前台灣社會存在的隱憂，如卡奴、渾沌的政治與媒體生態，以及如何在不安的環境中尋求安心之道等。

傍晚五時，回到農禪寺為社會菁英禪修營共修會講了開示。我自去年害病以來，至今病情穩定些了，就在這次開示和菩薩們談起我的病況和心境。

四月九日，星期日

台大醫院護理人員及眷屬一行二十餘人上午上山參訪，他們多半是我在台大醫院住院及診療期間與我結緣的菩薩，當中也有好幾人因此皈依，成為三寶弟子。

四月十一日，星期二

由外交部官員夫人及駐台使節夫人組成的「台北市迎新會」一行七十餘人，上午上山參訪。這是一個國際化的婦女組織，我與她們見面，主要談的是現代人的禪修生活。禪修雖然古來即有，有其傳統的修行方法，但是禪修的基本精神和原則，則能不受時間與空間限制，各國人士都可以受用。禪的精神就是活在當下，用輕鬆愉快的心情過生活。

「台北市迎新會」參訪團成員，歡喜聆聽聖嚴法師分享如何將禪修方法運用於生活之中。

四月十三日，星期四

十三日至十六日，一連四天，

第一屆世界佛教論壇在中國大陸杭州舉行，我因害病無法出席，由僧團副住持果品法師代表出席，並且於大會中代我宣讀〈從「心」溝通的世界大趨勢〉一文，這篇講稿引起不小的迴響。

●四月十六日，星期日

台灣大學校長李嗣涔先生與兩位副校長陳泰然、包宗和先生，以及學務長馮燕女士、主任委員陳基旺先生、主任祕書傅立成先生等一行近二十人，上午來山參訪，專程來看我。

這次會面，是因我答應為應屆台大畢業生的畢業典禮舉行專題演說，其實稍早我已在電話中答應了，但是李校長堅持一定要親自拜會，才能表示出慎重，因此有了這次晤面。

●四月二十三日，星期日

農禪寺下午舉辦了一場皈依祈福大典，有一千三百多人皈依。近年在法鼓山皈依的民眾，年齡層多介於三十至四十九歲之間，教育程度也明顯提昇，其中碩、博士者不在少數，可見佛教素質在台灣已漸漸提昇。

四月三十日，星期日

美國洛杉磯萬緣寺創始人聖琉長老由弟子一行人陪同，上午到法鼓山來看我。聖琉長老是我的舊識，也是好友。他早年在台灣親近印順長老，他的弟子也都非常優秀，比如現在僧團的常賡法師和信眾施碧珠菩薩，道心都很堅固，很有凝聚力。二十多年前當聖琉長老準備赴美弘法，特別交代他的弟子到農禪寺親近我，結果他的弟子真的都來了。現在長老長年在美國，萬緣寺在他的經營下，已產生一股不小的影響力。

聖嚴法師為闊別多年的老友聖琉長老，親自介紹法鼓山園區。

晚間，我到了安和分院，接待專程來訪的行政院新聞局局長鄭文燦先生。新聞局希望法鼓山能針對自殺潮、高風險家庭及新移民等問題，協助宣導珍惜生命的觀念。他也向我預告，行政院院長蘇貞昌先生近日就會來拜訪我。

●五月七日，星期日

第三屆聯合國國際衛塞節世界佛教大會在泰國曼谷佛教城舉行，大會主題為「佛教對世界和平與可持續發展做貢獻」，我因害病無法出席，由僧團副住持果品法師代我於會中宣讀〈從「心」溝通的世界大趨勢〉一文。

●五月十三日，星期六

法務部調查局局長葉盛茂先生上午帶領調查局兩百多位同仁，到法鼓山體驗一日禪，下午我到禪堂為大眾介紹禪修的基本觀念和方法。

●五月十七日，星期三

下午四時，行政院院長蘇貞昌先生由新聞局局長鄭文燦先生陪同，到安和分院來拜訪我。院長此行是為了就防治自殺及照顧外籍勞工、外籍新娘、新住民等相關問題，與我交換意見。

院長雖才上任不久，但是他對這些現象非常關切，親自主持了幾次跨部門會議，研議解決的辦法。他也希望能由我來呼籲大眾珍惜生命，多想兩分鐘，你可以不必自殺。後來我拍攝《珍惜生命》公益廣告，當中的幾句話：「多想兩分鐘，你可以不必自殺，還有許多活路可走！」其靈感就是來自蘇院長的這一席話。

● 五月二十四日，星期三

台灣科技大學校長陳希舜先生與教務長彭雲宏先生、圖書館長吳瑞南先生、吳克振教授等一行人，下午到安和分院拜訪我，我們談起了科技與人文教育的整合，陳校長希望台科大與法鼓山大學院教育，未來能有更多的交流合作。

● 五月三十日，星期二

中午，僧團在法鼓山上設宴款待了長年護持法鼓山的比丘尼法師們，其中包括悟因法師、普瑛法師、昭慧法師、普暉法師、依道法師、照智法師、融智法師、達和法師、廣學法師及果方法師等。這些法師之中，有的是給我們建言，有的是給我們資源，有一些是從財務上支持我們，當天有近五十位比丘尼法師給我們賞光，而香光寺就到了二十五位，都是香光寺僧團的幹部執事，他們清晨就從嘉義出發，真是給足我面子。

● 六月三日，星期六

上午到了台灣大學為應屆台大畢業生的畢業典禮做了專題演說。當天的典禮台上，除了校長李嗣涔先生與各院院長之外，我是唯一受邀上台的貴賓，這是我的榮幸。我的講題是「認清價值與大方向，感恩順境與逆境」，對現場一萬五千名師生及家長講了二十分鐘。這次的演講內容，各界都給予很高的評價，其實這是我一向對青年朋友的期許，但是當天的媒體焦點，似乎都把我的談話與當時的社會新聞做了對照。我一向都是這麼講的，健康的人品，即是人生最大的財富。

下午在法鼓山上，則有僑委會宏觀電視台的社長簡許邦先生專程來拜訪我。我與簡先生結識已久，一九七七年我赴加拿大弘法，便是由他擔任粵語翻譯，當時他是《華醒日報》的總編輯，為人非常熱心。後來我在多倫多的幾次演講，都是由他替我做翻譯，可以算是老朋友來看我了。

六月四日，星期日

鄉土文學作家黃春明先生偕同夫人林美音女士，下午到法鼓山來拜訪我。我們即將舉辦一場「你可以不必自殺——還有許多活路可走」珍惜生命座談會，他們夫婦倆提前來看我，我也勉勵他們早日走出喪子之痛。因為他們有一個兒子在幾年前自殺了，失去這個孩子，夫婦倆始終難以釋懷，尤其黃夫人這幾年都是以淚洗面，沒辦法接受事實。我告訴他們，人生無常，每個人來到世上都有任務，等到任務完成就走了。

聖嚴法師為台灣大學應屆畢業生演說與祝福，勉勵大家及早確立人生的價值觀與大方向。

就像是搭公車，有的人上車以後，過一、兩站就下車，但是有的人一路乘至終點，甚至下車以後繼續轉乘，真正共同乘車的時間是不多的。人生就是這樣，不論老少，生命都是無常的。我勸他們要這麼想，否則很難釋懷。

● 六月六日，星期二

六日至十三日，到台大醫院定期回診，這次入院住了八天，做了前列腺切除及膀胱鏡檢查，由常持法師為我捐了二十四單位血小板。檢查結果都很正常。

● 六月十三日，星期二

下午到華視接受《華視新聞雜誌》節目主持人王薇女士專訪，主要談的是「珍惜生命」議題。許多的人一生都在尋找出路，不僅僅是遇到挫折的人在找出路，有些人日子過得平順，他們也在找出路，希望有更好的機會與更好的發展。至於出路在哪裡？在我認為，人生的這條路，只要自己過得心安理得，不去妨礙別人，也不造成他人困擾，在這個原則之下，人生條條都是大路，處處都有機會。

這次錄影，承公廣集團董事長陳春山先生及華視總經理李遠（小野）先生全程陪同，我非常感謝。

六月十五日，星期四

上午在法鼓山上有一場聚會，也是餐敘，邀請歷年來《中華佛學學報》和《中華佛學研究》的作者們聚會，共商漢傳佛學的未來。《中華佛學學報》與中華佛學研究所同時，甚至可追溯至由陽明山中國文化學院中華學術院佛學研究所發行的《華岡佛學學報》，當時由張曼濤先生擔任所長，在華岡出版三期以後停刊，至中華佛學研究所於北投的中華佛教文化館辦學，從此轉型為《中華佛學學報》，邀請國內外著名學者供稿。

聖嚴法師推動的防治自殺公益廣告與相關座談會，幫助社會產生安心的力量，讓人更珍惜生命。

《中華佛學研究》則是提供年輕學者及佛研所畢業校友發表論文的一份期刊。待我們遷址法鼓山教育園區以後，覺得《中華佛學研究》似乎不需再辦，因此將這兩份學報合併，而請這兩份期刊歷年的作者們上山敘談，一起討論漢傳佛學的未來。

● 六月十七日，星期六

法鼓山人文社會基金會下午在台北圓山飯店舉辦了一場「你可以不必自殺——還有許多活路可走」珍惜生命座談會，邀請到作家黃春明先生、導演吳念真先生，以及行政院衛生署自殺防治中心主任李明濱教授等人與我一起座談，由新聞主播葉樹姍菩薩擔任主持人，內政部部長李逸洋先生也到場致意。

● 六月二十二日，星期四

二十日起至二十二日，一連三天，在法鼓山上舉行「全球女性慈悲論壇」，共有十國近五十位女眾的宗教精神領袖與會，大會主要探討女性之於世界和平發揮的力量，這也是呼應法鼓山落成開山「大悲心起」主題的一次國際會議。

● 六月二十四日，星期六

總統陳水扁先生上午上法鼓山來看我，他是輕隨簡從來聽我講佛法，事先表明不帶記者，不發表新聞。總統在這段時期，朝野上下都對他表示不滿，讓他感到很無奈。他來看我的時候，表示自己的慈悲與智慧都不足，是來向我懺悔的。我則同總統分享一個佛教徒基礎的修行方法：「懺悔、發願、迴向。」

● 六月二十八日，星期三

浙江普陀山方丈戒忍法師下午到法鼓山來拜訪我。過去我與戒忍法師曾有幾面之緣。一九九六年我率僧俗四眾三百人到大陸朝聖巡禮，當時也到了普陀山，那時戒忍法師是佛頂山慧濟寺的當家法師，方丈是妙善老和尚。

日後，我又在幾次會議上見到他。他也曾到東初禪寺向我禮座，當時他已是方丈，卻喊我一聲師父，我問他原因，他說他是焦山茗山長老的法子，而我與茗山長老同為東初老人的法子，所以我也是他的師父。既然他這麼講，我說：「好吧！我就認你這個弟子了。」

六

承先啟後，繼起有人

二〇〇六年七至九月記事

● 七月一日，星期六

下午在台北圓山飯店辦了一場「台灣青年領袖促進和平論壇」，主題是「經濟與環保的創新作為」，由我和宏碁集團創辦人施振榮先生、中央大學產業經濟研究所朱雲鵬教授，以及前環保署署長張祖恩教授擔任座談人，由法行會會長蕭萬長菩薩擔任主持人。我們舉辦青年論壇這類活動已有好幾年，在這場台北場論壇之前，也已在台中文英館圓夢廳舉辦過一場。

● 七月六日，星期四

上午我在法鼓山國際會議廳，為專職、僧眾及護法悅眾舉行精神講話，主題是「法鼓山的立場」。

● 七月八日，星期六

傍晚在農禪寺為社會菁英禪修營共修會講了開示，談了法鼓山的修行方法與次第。主要是從法鼓山上建築群的匾額來做說明。

七月九日，星期日

中午在法鼓山有個餐敘，由我邀請台大醫院的醫療團隊，包括腎臟內科的蔡敦仁教授夫婦、前腎臟科主治醫師林水龍醫師夫婦、洪冠宇醫師，以及經常在我住院期間為我提供資源協助的洪淑娟醫師及黃淑媛菩薩在山上用簡餐。

我於二〇〇五年得以及時入院治療，是因蔡敦仁教授對我的關心，囑我及時檢查。在我入院以後，蔡教授也介紹他的得意門生林水龍醫師擔任我的腎臟科主治醫師。這位林醫師非常好，非常細心照顧我，現在他將赴美國進修兩年，蔡教授另外又推薦了洪冠宇醫

聖嚴法師親自招待台大醫院的醫療團隊，並親切關懷同行的小菩薩。

師來照顧我。當天，我也送了林水龍醫師一幅字「佛心醫師心」。

● 七月十六日，星期日

旅美照明建築師周鍊先生，下午上法鼓山來拜訪我。周先生是國際知名的照明設計師，法鼓山的全山照明，從室內到戶外，都是在他指導下做了改善，美國象岡道場的照明，也是經由他的協助，足足節省了三分之二能源。

現在的建築師很奇怪，總喜歡把天花板頂燈布置得密密麻麻，既浪費，也不美觀。周先生協助我們把全山照明做了改善，這是一大功德，戶外照明也經由他的指導，看起來既美觀也節電。

● 七月二十日，星期四

下午我到了台大醫院，為台大醫院職工做了一場專題演講，題目是「身心自在」，近三百位醫院職工出席。台大醫院院長林芳郁教授在我住院期間特別關懷，指定由副院長何弘能教授擔任協調人，結合各科主任醫師組成一個醫療團隊來照顧我，這是我非常感恩的事。因此我問林院長怎麼讓我回報呢？他說，那就請師父給我們做一場演講吧！其實幾年前我也曾在台大醫院做過一次演講，當時是前院長李源德教授透過祕書邀請我去的。

七月二十五日，星期二

弘一大師的俗家孫女李莉娟女士，下午到安和分院來拜訪我。她是應弘一大師紀念學會邀請到訪台灣，過去我也曾為弘一大師德學會議做過一次演講，所以這次她到台北，特地前來看我。

聖嚴法師應邀至台大醫院為職工進行專題演講，以此感謝醫護人員的細心照顧。

八月六日，星期日

立緒出版社發行人郝碧蓮女士及總編輯鍾惠

民女士，上午到法鼓山來拜訪我，主要是立緒想替我出幾本書。立緒的出版品，向來以文史哲類居多，也翻譯了不少名家作品，讀者多半是大專師生及知識分子，雖是屬於小眾市場，但是辦得有聲有色。

立緒希望替我出書的好意我心領了，但是要我提筆寫書，現在的體力已是不許可的，所以這次見面並沒有談出一個具體的結果來。

過去台灣出版的宗教類書籍並不多，現在雖然比較多了，但是本土的宗教書還是少數。鍾惠民經營立緒，做了很多貢獻，她鼓勵很多的人寫書。而我與鍾惠民的結識算是很早，一九九三年《聖嚴法師學思歷程》在正中書局出版，便是由她擔任主編。這本書在正中算是一本長銷書，銷售量已達二十餘萬冊。

中華郵政公司新任董事長賴清祺先生偕同夫人，也到山上來拜訪我，同行則有林其賢教授及台灣大學的徐興慶教授等人。賴董事長是法行會的學員，他經常運用我的一句話「忙人時間最多」，對於生活禪法有很好的體會。

●八月十七日，星期四

前行政院長謝長廷先生下午到安和分院來拜訪我，謝先生此時已表態參選年底的台北市長選舉，我和他談了一些佛法的觀念。

八月二十七日，星期日

上午在農禪寺，首度以各地分院視訊連線的方式，舉辦皈依祈福大典，台中、台南、高雄及台東分院同步舉行，總計有三千多人皈依。這是我們一次新嘗試，效果也不差，後來之所以沒有再以這種方式舉辦，是因九月以後第二任方丈已經產生，方丈經常到各地關懷，也代替我主持皈依，因此各地視訊連線同步舉行皈依大典，到目前為止是唯一的一次。

在皈依大典之前，我在農禪寺見了專程來訪的新加坡國防部財政司司長廖俊文夫婦，以及新加坡資政吳作棟先生的私人祕書蔡

聖嚴法師每在皈依典禮的最後，都會分別到農禪寺每個佛堂關懷。

艾伯先生等人。蔡先生原來是新加坡駐台辦事處的副代表，日後他到美國進修，再返回新加坡。他是從外交官經歷出身，轉任吳資政的私人祕書，算是一個很重要的職務。他在擔任駐台副代表期間，就在農禪寺皈依了，皈依之前已看過我很多的著作。

● 九月一日，星期五

新書《禪無所求》由法鼓文化出版。這是從我的英文著作 *Song of Mind* 譯成中文，內容是我在美國主持禪七期間，針對牛頭法融禪師的〈心銘〉所做的十二次講錄。*Song of Mind* 是我交由美國佛教界知名的香巴拉（Shambhala）出版社的第一本英文書，於二〇〇四年發行，後由中央研究院歐美研究所研究員單德興教授譯成中文，部分先於《人生》雜誌連載，今日發行完整中文版。

● 九月二日，星期六

今天在法鼓山上舉行史無前例的一個盛典：第二任方丈果東法師接位大典，禮請聖靈寺今能長老送位。方丈的產生，並非由我個人指定，而是由全體僧眾經過幾個層次非常慎重的遴選過程，最後以絕對多數的票數選出果東法師擔任第二任方丈。這是法鼓山值得紀念的一件大事，我則深感欣慰，法鼓山已是繼起有人。擔任方丈最重要的，是要有悲願心。

就在方丈接位大典後，我搬出住了將近四年半的男眾部方丈寮。我是為了建立制度，讓新任方丈接位以後就能住進方丈寮，總不能身為方丈還住在一般僧寮，這是不合制度的。方丈寮的設備與設施，我多半是留下了，如果不足，還可以增加，使它名副其實成為方丈寮。

由於這個時期開山寮尚未完工，因此我暫時搬入男眾部的貴賓寮。另一方面，我也思考到新任方丈要有自己的辦公室、會客室，以及祕書、座車等配備，才

法鼓山第二任方丈接位大典於法鼓山大殿舉行，聖嚴法師將方丈職位交付新任的方丈和尚果東法師，不但是法鼓山的法脈傳承，也開啟法鼓山新頁。

能執行方丈的任務。這是一開始就要制度化，否則馬馬虎虎，方丈就不像是方丈了。

● 九月五日，星期二

知名的田徑運動家紀政女士，即希望基金會的董事長，下午偕同該基金會副祕書長及企畫總監到安和分院拜訪我。希望基金會發起一個「萬步寶島，有你真好」運動，邀請各界人士簽署推廣，希望我也能支持，因此來拜會我。

同時我們即將在九月十日辦的一場「關懷生命健走祈福」活動，希望基金會也是協辦單位，這兩個活動都是健走，所以我寫了三句話來響應這個活動：「走路即是環保，走路即有健康，走路就是修行。」

● 九月十日，星期日

法鼓山人文社會基金會上午在台灣大學綜合體育館辦了一場「關懷生命健走祈福」活動，由方丈和尚果東法師代表出席，我也到場做了致詞。

● 九月十一日，星期一

十一日起至十四日，到台大醫院定期回診。這次的檢查結果很正常，並沒有發現腫瘤，也不需要輸血。

● 九月二十九日，星期五

美國佛教雜誌季刊《佛法》（*Buddhadharma*），透過書面向我採訪，問及法鼓山第二任方丈接位大典，同時也關心我害病以後，是否還會像以往一樣，到美國講經弘法，主持禪修？

這份期刊對法鼓山的消息一向很靈通，例如像傳法大典、落成開山，以及我害病住院的消息全沒有錯過，特別是我害病的消息登出以後，美國的信眾都很驚訝，因為我們並沒有在第一時間公開訊息。現在的網路訊息流通很快，他們大概是在網路上找到了新聞。

七

最後一次美國行

二〇〇六年十至十二月記事

● 十月五日，星期四

上午在法鼓山國際會議廳，為內部的專職菩薩及僧眾做了精神講話，主題是「尊重倫理，承先啟後」。

午後，中國大陸國家宗教局局長葉小文先生偕外事司長郭偉女士一行人，借著到台灣出席會議之便，上法鼓山來看我。葉小文局長及齊曉飛副局長，每回到台灣訪問，必定會來看我，倒不是因法鼓山有多少信眾，而是他們認為我在台灣發揮一股深遠的影響力。葉局長此行來訪，特別擬了一則文稿，題為〈法鼓印象〉，並且當眾讀出。

● 十月七日，星期六

北投雲來寺在今天正式啟用。為什麼會有雲來寺呢？這與農禪寺一度面臨遷建有關。農禪寺是台北市關渡平原低密度開發的保留地，過去二十多年來，我們隨時做著遷建的準備，也因此找到了法鼓山這塊地，但在市區，我們還是需要一個可以共修的地方，找了好久，終於找到了位在北投公館路山腳下的這塊地。

我們找地總是周折不斷，法鼓山如此，雲來寺也是。這塊地原來由十幾個地主持分，地上物也有不少是違章建築。後來我們一家一家去拜訪，和地主一次又一次洽談，終於把地買進來了。土地買進之後，首先要拆除地上物，始能整理成一塊比較完整的土地。可是在這之中，有一塊地是台北市政府的水溝用地，要處理這塊地，並不是向市政府購入即可，而是要取得土地周邊所有住戶的同意才能進行，因此又花了好長一段時間溝通。等到水溝用地的問題解決了，後頭卻還有更大問題。這塊地的地底下原來是一條河道，最深處有一、二十公尺，工程人員在埋設地基時，發現了許多流木，這代表以前這地方不僅是河道，而且是在海邊，因此鄰近有個捷運站叫作「唭哩岸」，這裡原來是濱海之地。

有鑑於此，我們的地基一定要打得非常深穩，工程時間也就拉長了。曾經有人勸我乾脆放棄這塊地，因為實在太不合算，從買地到工程花費的成本，若蓋的是一般商業大樓或是住家，業者恐怕已打了退堂鼓。但是我說，既然買了地，也已經動工，還是要把它建起來。

最初我們把這個地方喚為「新農禪寺」，因為它是因農禪寺而有的。沒想到鄰近居民一聽說是「新農禪寺」，以為準備建廟，又想著農禪寺的信徒很多，參加法會的人不少，將來這裡起了廟，進出的人多了，憂心平靜的生活會被打擾。其實從法律面來講，學校四周規定不能起廟，但是此地距離鄰近小學已有一段距離，也不在人口密集的市區中心，屬於合法的建築。但是我們急流勇退，把這個地方改為辦公的行政大樓，如此一來，鄰居的疑慮既可消解，而我們原來租用承德路七段的行政中心，以及租於大業路上的法鼓文化，也一併整合在此辦公，農禪寺也有一部分的單位遷移過來，使雲來寺成為法鼓山在市區的行政管理中心。

雲來寺在今天舉行啟用典禮，而不稱落成典禮，因為我們沒有任何宗教的儀式，也不會敲鑼打鼓，或者放鞭炮，就是內部的工作人員和信眾代表參加，典禮由方丈和尚主持。

同時，我也在今天搬進了山上的開山寮。我住進開山寮以後，覺得室內不大通風，特別是在我寮房裡的木櫃，經常傳出一種刺鼻的異味，住得很不舒服，但還是住下來了。潤泰集團總裁尹衍樑菩薩知道以後，他說一定要改善，務必改到師父能住為止，因此，櫥櫃和天花板後來都改過了。

原則上，開山寮這個地方並不是退居寮，不是每任方丈卸任以後都搬進開山寮，其實這地方也住不了多少人。將來方丈退居以後，如果年紀大了，可以住到山上安養的地方，若還年輕，退居以後便是入眾隨眾。開山寮的全稱是開山紀念寮，現在是我住的地方，將來我不在人世以後，這裡會開放參觀，成為一個紀念創辦人的地方。

開山寮這棟房子只有四十坪，屬於長條形的建築，採本土建築形式。原來山上有幾戶平房，在我們整地時拆掉了，但是我想山上還是應該保留一些原始平房的樣貌做為紀念，所以開山寮就建成本土一條鞭式的三間房，這種房子目前在台灣鄉間還可以見到。

十月十四日，星期六

十四、十五這兩天，法鼓山上辦了一場「法鼓山佛教建築研討會」，我在首日的開幕式到場做了致詞，講題是「法鼓山建築理念及目的」。

這個會議我們已經籌備一年有餘，我是總召集人，副召集人即是實際執行者，由新竹法源寺的寬謙法師擔任。寬謙法師是已故雕塑大師楊英風先生的千金，他本身也是建築師，對這次會議的貢獻很大。同時大會也邀請漢寶德教授做了一場演講，並請到多位建築界的前輩大師及負責法鼓山建築的建築師與會，從中國傳

法鼓山是由聖嚴法師「一步一腳印」走出來的。法師雖已年老力衰，卻還是經常抱病親自巡山勘查工程進度。

統的佛教建築，到當代台灣具代表性的佛教建築都做了探討，同時也把法鼓山建築做了報告。

● 十月十八日，星期三

第一屆「聖嚴思想與當代社會」國際學術研討會在台北圓山飯店舉行，這是由聖嚴教育基金會主辦，由聖基會的董事楊蓓教授策畫，邀請到中央研究院院士楊國樞先生、美國哥倫比亞大學教授于君方女士、堪薩斯大學史蒂文生（Dan Stevenson）教授及田納西大學羅梅如（Miriam Levering）教授等十七位中外學者，對於我的思想和當代社會的關係，展開深度的探討和對話。我也在下午的閉幕式做了致詞，向與會學者及現場聽眾分享「如何研究我走的路」。

● 十月二十一日，星期六

法鼓山三門口外的來迎觀音銅鑄像和靈山勝境石揭幕式，在今天上午舉行，典禮由方丈和尚果東法師主持，我也到場關懷大家。受邀出席的貴賓有：菲律賓航空代表宋立民先生、菲航桃園機場總經理林美莉女士及其同修王丕增先生，他們是代表菲航總裁陳永裁先生而來，陳總裁是來迎觀音銅鑄像的捐助者；另外，影星林青霞菩薩及我俗家的晚輩也都到了，現場有上千信眾觀禮。

典禮結束後，我也見了林青霞菩薩及其友人陶敏明女士一行，林青霞菩薩問了我對生死的看法。她的雙親近年相繼辭世，她的父親是基督徒，所以我們的佛教儀式幫不上什麼忙，那段時間她很憂傷，我給了她一些慰勉的話。

十月二十三日，星期一

上午依例到台大醫院洗腎，晚間從精舍出發到桃園中正機場，搭機飛往美國。這次的美國行，在紐約停留了月餘，直至十二月四日才從紐約返回台北。

我在抵達紐約的翌日（二十四日）上午，即前往曼哈頓康乃爾大學教學醫院接受洗腎，由王忠烈醫師來照顧我。但是初次洗腎，護理人員對我的狀況並不清楚，尤其對我透析的血管也不了解，下針時狀況很多，試了幾次都不順利，只有作罷。第二天我又到了醫院，情況仍是相同，無法順利上針，王醫師便讓我休息一天，因為血管上針的次數過多，血管已經受到破壞。而我自己也做了決定，如果翌日還是不順利，我便提前返回台灣，否則體內毒素持續升高，會有生命危險。因此當晚就預訂了返回台北的機票。

到了星期五，下針就順利多了，也可能是換了一位資深的護理人員，她對我的血管好像很熟悉似的，上針非常順利，同時王醫師為我加了一種抗凝血劑，此後我在美國洗腎都很順利。替我下針的護理長是艾莉絲．內利亞（Iris Nelia）女士，另有一名護士優波離．都塔（Upali Dutta）女士從旁照顧我。

●十月二十五日，星期三

二十五日起至二十八日，一連四日，聯合國全球青年領袖高峰會的會前會「青年領袖促進和平論壇」在象岡道場舉行，這個活動是由象岡道場與全球女性和平促進會（GPIW）共同主辦，共有來自歐、亞、美、非等地區七十五位青年代表參加，並有多位國際非政府組織的成員擔任論壇輔導人。我在二十六日的開幕典禮及二十八日的閉幕式都做了簡短演說，講題分別為「和平，從我們的內心開始」，以及「用慈悲心拯救世界」。

●十一月一日，星期三

我的兩本新書：《完全證悟》及簡體版《聖嚴法師教禪坐》，今天出版。

《完全證悟》一書，是從我的英文著作 *Complete Enlightenment* 翻譯而來，內容是我在東初禪寺講的《圓覺經》講錄，由常華法師及葉文可居士翻譯，法鼓文化出版。簡體版的《聖嚴法師教禪坐》是由法鼓文化授權北京宗教文化出版社出版，主要在中國大陸發行。

十一月四日，星期六

外出拜訪仁俊長老及沈家楨老居士。

先是上午前往新澤西州的同淨蘭若，向仁俊長老禮座。長老對我非常照顧，我相信他對所有人都是這麼慈悲。東初禪寺每次舉辦法會，不論我在不在場，長老一定蒞臨；或者我回台

聖嚴法師與年已近百的沈家楨老居士在美相會。沈家楨老居士是聖嚴法師的恩人，默默護持法師留日所需，行善不欲人知。

灣，或者不在紐約，長老便來代我講經。我在美國時期，能夠這樣相助，代我講經的長者，除了仁俊長老，還有一位李恆鉞長者，他們都是印順長老的弟子。因此，即便我不在紐約，東初禪寺仍是照常維持每週日的定期講經。

離開同淨蘭若之後，接著到了紐約博南郡的莊嚴寺，拜會沈家楨老居士。沈老居士已經高齡九十有四，除了有些微的重聽，身體狀況都還很好。沈老居士現在是完全退休的狀態，他把莊嚴寺和美國佛教會的法務都交出來了。

● 十一月五日，星期日

我的兩位英國法子約翰．克魯克（John Crook）博士和賽門．查爾得（Simon Child）醫師，上午到象岡道場來看我，主要是向我請法，問我傳法的條件、禪法如何在生活中使用等問題。我告訴他們，當我在世的時候，他們要傳法，必須讓我知道；我過世之後，他們可以直接向西方人傳法，但是要有條件，這是當初我傳法給他們已經訂出的規定。第一，對佛法要有正確的知見；第二，要有老師的認可；第三，要有弘法的熱忱。具備這三個條件，就可以傳法給下一代的人。

禪法西傳以後，原則上和西方人是沒有衝突的，因為佛法到任何一個地方，都是包容當地的風土、民情、文化及宗教，主要就是分享禪的利益。至於在日常生活中如何應用禪法？過去我已講了很多，禪法從來不離生活，就是在生活中使用的。

十一月九日，星期四

今天是觀音菩薩出家紀念日，我們首度在法鼓山上舉行剃度典禮，共有十位男眾和十四位女眾接受剃度，剃度及授戒儀式由方丈和尚果東法師代我主持，首座和尚惠敏法師擔任教授阿闍黎。

我因人在美國，沒有辦法親自主持，但是這些人仍然是我的弟子。我不在台灣的時候，由方丈和尚代替我授戒，我在世的時候，仍是大眾的依止師。

晚間，我在東初禪寺宣講觀音法門，談到觀音菩薩的出處及修行方法，鼓勵信眾要學習觀音菩薩的精神，而提出「念觀音、求觀音、學觀音、做觀音」的四種次第。

十一月十一日，星期六

東初禪寺下午舉辦一場「深秋心靈饗宴」聯誼會，邀請紐約的華僑界親近、了解、熟悉東初禪寺，前一晚抵達紐約的方丈和尚也出席了這場活動，我也在活動中介紹方丈和尚給大家認識。

當天出席的僑界貴賓，多數都是第一次見到我，少數是我過去見過的。包括駐紐約台北經濟文化辦事處處長夏立言先生與夫人鄭麗園女士、新澤西州州長辦公室代表陳瑞芳女士、知名散文作家王鼎鈞夫婦，以及法拉盛華僑文教中心主任張景南先生等一百多位貴賓出席。

我們用餐敘的方式招待他們，也在餐敘中宣布東初禪寺即將遷址。東初禪寺現有的地方太小，我們一直希望找到一個比較大的地方，繼續為當地服務。我們辦這個活動主要的想法，是希望大家能夠支持未來的募款活動，至於日後這些貴賓是否真的支持，

● 聖嚴法師向東初禪寺的信眾、貴賓介紹法鼓山新任方丈和尚果東法師，希望眾人能夠繼續給予護持與協助。

乃是不可得知。其實，舉辦募款相關的活動，只能抱持聯誼心態，不能夠指望與會者必然支持。

十一月十二日，星期日

東初禪寺上午舉辦一場皈依典禮，由我親自主持，約有六十人發心皈依，加上觀禮民眾近二百人，這在紐約算是一次盛況了，平時只有十幾位信眾一起皈依。這次皈依人數所以增多，原因是我已返回美國。有很多新的信眾是在我離開美國期間才親近東初禪寺，這些信眾之中，不少是看了當地有線電視第二十五頻道播出的《大法鼓》節目，這個節目配上了英文字幕，接引了不少人。當他們知道我返回紐約，都來參加了這場皈依。

十一月十六日，星期四

十六日起至十九日，在象岡道場舉辦法鼓山在美國的第四屆菩薩戒，由我和方丈和尚共同主持，共有一百三十四位東西方人士登壇受戒，這在美國也算是一次盛會。除了象岡道場和東初禪寺的常住法師之外，台灣也到了幾位僧團法師支援，一共有十二位僧眾，這種規模在台灣也不容易見到。

● 十一月二十四日，星期五

此行美國的重點行程之一，便是於二十四日起至十二月三日，在象岡道場舉辦話頭禪十，共有七十五位禪眾參加，人數是相當多的。我雖仍有固定的洗腎療程，還是每天到場講了開示。

● 十二月一日，星期五

簡體版《戒律學綱要》一書，今日由中國大陸宗教文化出版社發行。這個好消息我已等了好久，許久以前就有人盼著這本書能夠在中國大陸印行，但總是因緣不具足。這本書最早與大陸讀者的見面方式，是透過淨慧老法師摘錄精華，在內地的一份佛教刊物《法音》連載，成為日後北京佛學院第一屆學僧上課的教材，但畢竟不是全貌。本書簡體版終於在大陸地區發行，對我來說雖是遲來的好消息，總也是好消息。

聖嚴法師在景色優美如詩的象岡道場，留下許多充滿禪意的身影。

●十二月三日，星期日

在我即將返回台北前夕，哥倫比亞大學副校長保羅．安德爾（Paul Anderer）教授以及知名散文作家王鼎鈞夫婦，相繼於晚間到東初禪寺來拜訪我。

保羅．安德爾教授由哥大東亞語言文化系系主任羅伯．哈默斯（Robert Hymes）教授以及于君方教授陪同，他們要與我討論哥大將設置的「聖嚴漢傳佛學講座教授」一事。向國際社會推廣漢傳佛教是我的心願，恰巧在哥大任教的于君方教授獲悉哥大有意設置一個漢傳佛學講座，正在尋求合適的合作夥伴。因此她在十月返台時徵詢我的意見，我覺得真是太好了，便責由聖嚴教育基金會進行接洽此事。

這個講座的設置基金是三百萬美元，由哥大與捐贈者，雙方各提出一半對等基金。過去哥大曾設置藏傳及日本佛教的佛學講座，帶動了一股研究風潮，這回的漢傳佛學講座是首辦。至於經費，一部分是由我籌措，另外，聖嚴教育基金會也做了專案募款，一共籌足新台幣五千萬元。保羅．安德爾教授來看我的時候，已經確定這件事，但是募款還在進行，因此這次會晤，主要是了解講座的設置事宜，也交換彼此對於推動漢傳佛學的見解和看法。

晚間八時，散文名家王鼎鈞先生和夫人王棣華女士也來看我。王鼎鈞老先生，人稱「鼎公」，是紐約華人界的聞人，他寫的書在全球華人社會都享有盛名，過去也曾擔任《中國時報》的副刊主編。

我與鼎公的結緣，始於一位江果華居士的接引，她是早期東初禪寺法鼓出版社的長期義工。有一次我到法拉盛演講，她把鼎公夫婦請到現場來聽我演講，讓我與鼎公結了緣。鼎公也注意到我在報章上寫的文章，對我有些印象。事實上，他是一位基督徒，也是藝文界的前輩，他能夠賞光聽我演講，又幾次專程來看我，使我受寵若驚。

鼎公是那麼謙虛，他們夫婦倆來看我的時候，還帶著一份親題的墨寶送給我，上面題有「亦佛亦聖，大勇大哲」八個大字，下端則寫：「聖嚴法師，學究天

聖嚴法師在美一個多月，王鼎鈞伉儷即三次探訪法師，並致贈親題的墨寶。

人，圓滿究竟，博大精深，弘法救世，無我忘身；大師難逢，大法難聞，弱水一瓢，澤及藝林，破相得真，捨形求神，同體大悲，萬花是春，典型巍巍，掖我出塵。」末後署名：門外後聞王鼎鈞、王棣華。這份厚禮，又讓我受之有愧了。

我在美國這一個多月，鼎公來看我三次，每次都是依依不捨，好像覺得每次都是不可再得的機會。有句話說「謙謙君子」，在我心中，鼎公正是這般。

●十二月十二日，星期二

知名小說家華嚴女士偕女兒葉文可、葉文茲及子媳李乙樺女士，下午到法鼓山來看我，我們交換了寫作的心得。我對華嚴女士的文學造詣非常佩服，葉文可女士則是為我翻譯《完全證悟》的譯者之一。

●十二月十三日，星期三

自十三日起，在安和分院展開「心六倫」系列諮詢會議，討論如何開展及推動「心六倫」運動。

所謂「心六倫」，指的是家庭、校園、生活、職場、自然和族群等六種倫理，這是涵蓋著傳統的五倫，同時配合著現代社會所需要的價值。其實我在十多年前就想到倫理運動應該要推廣，但是一般大眾對傳統五倫的思想不容易接受，因此我提倡從「心」開始的心六倫，而不拘泥於過去的五倫形式。心六倫推出以後，得到各界的響應支持，我們請教各領域的專家來探討這項運動的推廣，可以說就在這次諮詢會議中確立了「心六倫」的架構。

心六倫運動是由法鼓山人文社會基金會主導，由前任監察委員李伸一菩薩擔任人基會的祕書長，他曾經創辦消費者文教基金會，目前仍是消基會的義工。正好這段時期他有空檔，我便請他為人基會策畫幾個活動，除了「心六倫」以外，防治自殺運動也是請他負責的。

人基會所辦的活動相當多，在曾濟群菩薩擔任執行長期間，我們在中國大陸的北京大學、清華大學、南京大學、廣州中山大學，以及在台灣的台灣大學、成功大學和台中的亞洲大學等七所大學設置了「法鼓人文講座」，成效非常好。

他原來是擔任法鼓大學籌備處的校長，我們籌辦法鼓大學初期便延請他擔任籌備處主任，實際上就是校長。同時，二〇〇三年創辦的法鼓山社會大學，也是由曾校長開創出來，辦得非常好。後來社會大學併入了人基會的目的事業，我也請曾校長繼續為人基會奉獻。

十二月十四日，星期四

美國舊金山佛山寺般若講堂的創辦人智海長老，也是台北甘露寺的創辦人，中午偕甘露寺僧俗四眾一行人上法鼓山來看我，我用餐敘的方式招待他們。智海長老是我在一九七五年底初抵美國見到的第一個中國法師，他到了舊金山的機場為我接機，並且招待我住進他的道場，一直到現在，我仍對他非常感恩。

下午，則有一家法國出版社卡裕納維容（Kahuna Vision）的總裁賈智良（Patrick Jagou）先生上法鼓山來採訪我，希望我為法文讀者介紹心靈環保。他是從法

在「大願和敬平安感恩晚會」中，聖嚴法師代表法鼓大學接受菩薩再圓滿榮董的心願。

鼓山簡介知道了心靈環保的理念，也看了我的「一〇八自在語」，所以特別來法鼓山採訪我。

十二月二十三日，星期六

法華鐘在今天舉行落成典禮，晚間則有一場「大願和敬平安感恩晚會」，在法鼓山大殿舉行。法華鐘的落成，事前經過兩年多籌畫，此時已運抵法鼓山。在落成典禮之前，先行舉辦灑淨儀式，包括台北縣長等地方首長都到場與會。晚間的感恩晚會，則由榮譽董事會會長劉偉剛菩薩主導，他帶了一群工作人員把活動辦得有聲有色，以音樂會形式呈現出來。

十二月二十七日，星期三

二十七、二十八兩天，到台大醫院定期回診，做了膀胱鏡檢查，結果都很正常。

八 遊心禪悅

二〇〇七年一至三月記事

●一月二日，星期二

立法委員林炳坤先生與黃昭順女士，上午到安和分院來拜訪我，邀請我在夏秋間赴澎湖做一場心靈環保演講。我從沒去過澎湖，我說如果身體狀況允許，我是很樂意去一趟。但是這個計畫並沒有成行，原因還是出在我的身體因素，不再適合搭飛機。

晚間，我在中正精舍接受了東森新聞採訪，談了新年的祝福。

●一月四日，星期四

立法院院長王金平先生下午到安和分院來拜訪我。王院長過去曾參加法鼓山所舉辦的禪修活動，他本身也是一位佛教徒。我建議他如果遇到任何的狀況，就念觀世音菩薩，我也送了他一尊陶塑微笑觀音。

●一月六日，星期六

法鼓山僧團弘化院與聖嚴教育基金會在今天成立了聖嚴書院，讓體系內外的菩薩都能夠有機會選修書院的課程。這個課程，最早是由聖嚴教育基金會發起，同時僧團弘化院也在規畫如何把我的著作思想，透過大學院的形式呈現出來，就在此時做了連結，負責人是林其賢老師。聖嚴書院的成立典禮，是在高雄紫雲寺舉行。也率先在南部的高雄、屏東開課，現在法鼓山及各縣市也都陸續開設了相同課程。

一月七日，星期日

上午到了三峽的西蓮淨苑，主要是出席現任住持惠敏法師的師公道安長老的百齡誕辰紀念，同時為西蓮教育中心的啟用典禮揭幕。

惠敏法師的師父是西蓮淨苑開山智諭老和尚，他是道安老法師的剃度弟子，由於中年出家，受戒的時間較晚，

聖嚴法師應邀至西蓮淨苑參加西蓮教育中心啟用典禮，於典禮之後，在住持惠敏法師的陪伴下，參觀西蓮教育中心。

而與我的弟子果如法師同戒，戒師同是海會寺的開山道源老和尚。當年我受戒，戒師也是道源老和尚，因此我跟智諭老法師可算是同門之誼了。

道安長老過去與白聖長老、東初老人及印順長老，並稱為台灣佛教四大老。他對公共事務非常熱心，很敢講話，對於年輕的後輩非常看重。例如當年我剛從關房出來，在台北善導寺有個講座，那時南亭長老、白聖長老、道源長老、道安長老都來聽我演講，日後我又到慧日講堂演講，印順長老和道安長老也來了。這表示這些長老對年輕人非常重視，鼓勵年輕人弘法。而我當時真是不知天高地厚，當著長老面前造次亂講，講完之後還受到他們的肯定，這也表示長老是非常寬宏大量的。

下午在安和分院見了在政治大學執教的鄭石岩教授及其夫人高秀真女士。鄭教授當天已先上法鼓山參訪，下午他來見我的時候，這麼形容：「法鼓山的出現，是一位高僧拿了一頂衣，往那裡一披，就出現了這麼好的道場；法鼓山是在這一頂衣下出現的。」他說歷史上許多名山都是這麼出現的，因為來了一位高僧，用他的袈裟一披，現成有了一座莊嚴的道場。我說法鼓山可是經過十六年才建成，很不容易。但是他又講，十六年不過一轉眼，一下子就過去了。

鄭教授會如此形容法鼓山，因為他看到山上的建築，如此莊嚴而簡樸，而園區裡的種種設施，從室內到戶外，都是非常自然而又令人感到心曠神怡，就像真正走進了靈山勝境的氛圍，彷佛是人間仙境。我很感激鄭教授的抬愛，他本身是研究禪學的專家，也從事禪的修行和教學，對我們特別關愛。

一月八日，星期一

國民黨黨主席馬英九先生，由法行會何美頤菩薩陪同，下午到安和分院來拜訪我，我同他談了幾句禪法。他是個很忙的人，沒有時間來參加三天禪修，我建議他，平時生活中還是可以練習禪的觀念和方法來放鬆身心，身心放鬆了，心就能沉澱下來。

馬英九先生和法鼓山向來都有互動，他曾到過農禪寺，去過法鼓山，也參加我們許多的活動，幾乎每年都會見面的。他的父親

二〇〇二年聖嚴法師登至象山頂，眺望法鼓山的工程。

馬鶴淩先生同我也有交誼，一九七五年，我回台灣出席海外學人國家建設研究會，當時，馬鶴淩先生代表中央全程陪著我，一起去了阿里山及中部橫貫公路。後來他寫了一副對子送我，內容是：「聖明開悟無邊法，嚴正修持萬古心。」現在這副對子就掛在農禪寺客堂。因為我與馬鶴淩先生有這段交誼，因此，馬英九先生也把我當成長輩看了。

●一月九日，星期二

上午在法鼓山國際會議廳，為專職、僧眾及護法悅眾舉行精神講話，主題為「用人，找錢，成事」。這是老生常談，我會一次一次地重複講，是因為我們的工作人員流動率頗大，往往半年以後，又換了一批新人，所以每隔一段時間，這樣的題目我便再講一次。

「用人、找錢、成事」是經營任何事業的基本原則。首先要找到人才，方能成事；一邊成事，還要一邊找錢。這個原則，在營利事業或者非營利事業組織都是相同的。

下午在法鼓山上，我接受加拿大英屬哥倫比亞大學邱麗蓮教授採訪，她問到我：「開悟，是否能夠以科學方法驗證？」其實類似的問題，我已答過多次。科學始終是屬於物質層面的研究分析，用科學儀器來檢測人在靜坐時腦波的變化，確實可以做到，但至目前為止，尚沒有任何科學方法，可以用來驗證人是否開悟。開悟是另一種境界，屬於空靈的層次，而不落於物質層面。精神層面有深有淺，淺的部分尚可以研究，比如精神分析，就是一種科學研究，但是深層的精神領域，屬於純心靈的體驗，無法用科學的分析方法進行檢證。

一月十四日，星期日

馬來西亞的繼程法師，下午到安和分院來看我。他是檳城三慧講堂竺摩長老的剃度弟子，也是我的法子。他出家以後，曾在台灣親近印順長老和星雲法師等知名法師，也到了文化館參加我主持的幾次禪七，有一些身心的反應，對佛法有較深入的體驗。他是我的第一個法子，在他的自傳裡也提到我是他禪修的師父。這些年他到台灣都會來看我，他喜歡四處參學，並沒有自己的道場。

一月十五日，星期一

知名作家吳若權先生與圓神出版社社長簡志忠先生，下午到安和分院來拜訪我，我們談起了如何向年輕人推廣佛法，而由簡社長提議，希望我與吳若權能有一系列的對談，由吳若權採訪，我來回答。我接受了提議。簡社長打了一個比方，說我跟若權的合作，就像當年的弘一大師與豐子愷，他是抬舉我了。在我看來，若權的才氣確實可與豐子愷相當，但是我的德學，怎麼也沒辦法與弘一大師相比的。

●一月十八日，星期四

●在訪談結束後，聖嚴法師為吳若權先生題字留念。訪談集結出版為《甘露與淨瓶的對話》，提供現代人以「正面解讀，逆向思考」的態度，處理身心煩惱。

中國大陸政協常務委員張緒武先生，下午到安和分院拜訪我。他問我：「佛教講的入世與出世是什麼意思？」這也是一般人會有的疑惑。許多人認為，佛教是消極出世的，甚至是厭世、棄世的，似乎只有政治與經濟的作為，才是入世。這真是一種誤解。

在佛教來講，出世，是對世俗的一切不貪戀、不執著，也不在乎、不占有，但在抱持出世心態的同時，卻對世間產生一種奉獻、感化的功能，叫作淨化社會、淨化人心，因此也是入世的。試問如果佛教不參與世間，如何能夠化世？佛教的本懷是入世，它不戀世，卻有著奉獻的化世功能，但不執著於結果。

一月二十日，星期六

第十二屆佛化聯合婚禮，上午在法鼓山大殿舉行，共有五十六對新人參加，我以「和敬平安．吉祥姻緣」為新人祝福。早期我們辦的佛化婚禮，我都會到場為新人祝福，自我害病以來，我不一定每次都到場，或者有時我到場觀禮，但皈依與贈送佛牌儀式，則由方丈和尚主持。

一月二十一日，星期日

上午在農禪寺舉行皈依大典，共有二千二百多人皈依。

●一月二十三日，星期二

我和高鐵董事長殷琪女士，長達三年的請法和問答，由天下文化集結出版《慢行聽禪》一書，下午在安和分院舉行新書發表會，由天下文化事業群發行人王力行女士主持，現場到了不少媒體記者。

這本書所以取名為《慢行聽禪》，因為高鐵是一種高速行進的交通工具，但是禪要慢慢地來，因此叫做《慢行聽禪》。這本書的成書，經過三年十一次的對談，時間並不短。我跟殷琪董事長都是很忙的人，她每次上山來看我，都需要配合我的時間，我也是盡可能配合她，因此能有長達三年的對談，並不容易。這三年來，碰上我害病、住院與休養，曾中斷一年有餘，總算還是把這本書完成了。

殷琪董事長是藏傳佛教的弟子，我和她原來並不認識，直至二〇〇三年我們有過一次談話，她覺得有些問題，似乎可以從我這裡得到答案，我也歡迎她來提問，便開始著手日後的一系列訪談。這本書出版以後，似乎很受讀者歡迎，銷售狀況也很好。但是也有的人認為，殷董事長的佛學修養很好，想要看懂這本書，應該也要具有一些佛學基礎。

為這本書擔任紀實整理的是作家潘煊小姐，她是一位專業作家，過去曾為印順長老寫了一本傳記，也為慈濟功德會的證嚴法師寫作《證嚴法師琉璃同心圓》一書，都很叫好叫座。她除了為佛教寫書，也替藝文界的朱銘先生及連寶猜女士寫傳記，她的文字優美，寫作態度非常認真。

一月二十七日，星期六

上午在法鼓山國際會議廳講授一堂課，題目是「參學禪修的原則和方法」。這是我為法鼓山全山導覽講授的第一堂課，全部課程共有三堂。這三堂課的內容，日後也集結出版成一本小書，書名是《如何導覽法鼓山》。

一月三十一日，星期三

下午在中正精舍接受《自由時報》記者鍾麗華小姐訪問，談起法鼓山推動的「心六倫」、「防治自殺」運動，以及我退休後的生活。

二月一日，星期四

新書《法鼓山故事》由法鼓文化出版，這是由我口述，道出法鼓山的創建、每棟建

即使法鼓山教育園區的建設工程已逐一完工，但是聖嚴法師仍然不斷地四處巡視，不斷地調整改善，希望園區能長長久久的為大眾服務。

築物的完成，以及戶外設施的構思等等，這個過程非常艱苦，並不是袈裟一披，道場現成就有了。但我還是覺得很慶幸，在古代，一座名山的完成，常是經過好幾世代出家眾的努力，方才建成，而開山祖師，可能是第一代建設者，或以當中最具聲望的住持為名；在歷史上，要把一座山在一個人的一生之中完成，那是很難做到的事。

法鼓山歷經十六年終於開山了，這不是我一個人的本事，我既不會水泥工，也不懂木工，更看不懂建築圖，許多的事都是由僧俗弟子一起參與，尤其建設經費，都是從十方信眾布施而來。我們有一個護法勸募組織，向信眾募款來支持建設。

法鼓山初建的頭兩年，大家對我們是沒有信心的，因為地面上看不到任何建築，甚至過了五、六年，還在打地基，尚見不著房子，因此便有傳言紛起，說法鼓山是建不起來了。

我們的募款也做得非常辛苦，如果按原始計畫，法鼓山確實是建不起來的，因為我們的募款與實際建築的需用，不成正比。為了土地的因素，為了政府的審查，有許多許多的因素，使得工程一拖就拖了十六年。最初我們計畫在五年內完工，結果遲至第十六年才落成。

十六年過去了，不得不說這是最好的安排，雖然時間拖長了，但是工程品質相當好，而我們所需的募款也能夠應付，不至於落得舉債建設，的確是最理想的了。

●二月三日，星期六

我為山上的僧眾及導覽義工講授的全山導覽課程，下午在法鼓山國際會議廳舉行第二次授課，主題為「全山導覽」。

●二月七日，星期三

下午在中正精舍接受《中華日報》記者關嘉慶小姐採訪，談生命的意義與價值。這是《中華日報》響應防治自殺運動而來採訪我。董事長詹天性先生也一起前來。

●二月十日，星期六

東森集團的一級主管四十餘人，今天在法鼓山舉行一日禪修。東森集團的總裁王令麟先生也特別來拜訪我，我與他分享生活中的佛法。

上午，太子建設董事長莊南田菩薩，陪同兩位德國的建築設計師魯道夫．魏南茲（Rudolf Wienands）教授及庫爾特．史迪潘（Kurt Stepan）博士，也上法鼓山來拜訪我，我們交換了環保建築的理念。

海基會副董事長張俊宏先生午後來山上看我，主動表示想要皈依，由我為他見證皈依三寶。我勉勵他：放下過去，把握當下；人生難得，能夠利人，便是利己。

二月十一日，星期日

法鼓山三峽天南寺，上午舉行動土典禮，由我及方丈和尚、台北縣縣長周錫瑋先生、板橋市市長江惠貞女士、三峽鎮鎮長陳佳烜先生，以及捐贈天南寺工地及建設經費的邱氏家族代表邱仁政與邱仁賢菩薩等人共同舉行破土儀式，現場觀禮嘉賓有五百餘人。

二月十五日，星期四

「遊心禪悅」書法展記者會下午在安和分院舉行，宣布我的書法展，自二月十八日起至八月十八日止，在法鼓山上展出。

近兩年間，我在台、美兩地，經常都是起早帶晚地寫，共寫了近五百幅書法。這是因護法總會一位副總會長葉榮嘉菩薩，他本身是收藏家，也是建設公司的負責人，他很欣賞我的字。但是我說我很慚愧，只是勸大家捐款，自己卻沒有能力為大學興建貢

為了替法鼓大學募款，聖嚴法師於短短兩年內，完成了近五百幅書法作品。一筆一畫都蘊藏法師的興學願力。

獻一點錢。他跟我講，師父的字可以募款，沒有問題。因此，我便大膽把我的字向書法名家獻醜，請他們指教，結果居然通過專家的門檻。此後，我便不斷地寫，始有這次書法展的規模。

這項書法展，首先於法鼓山上展出，同時也在台南、高雄、台中及台北陸續巡迴展出，再加上農禪寺，一共展出六場。我要感謝大眾普遍響應，並沒有任何負面的評論，似乎大家都覺得我的字還可以收藏。直至二〇〇八年，我寫的書法也承故宮博物院垂青，收了三幅字用以研究，分別是：〈四眾佛子共勉語〉、〈新譯華嚴經觀自在菩薩大悲行門〉，以及〈此亦是觀世音普門品示現〉（〈觀世音菩薩普門品〉後續）。

二月十七日，星期六，除夕

今天是除夕，晚間在法鼓山上舉辦落成以來第一次法華鐘叩鐘祈福晚會，由方丈和尚領著僧團法師，敲響除夕的第一聲鐘響，其後由我、方丈和尚，以及行政院院長蘇貞昌先生、內政部部長李逸洋先生、台北縣縣長周錫瑋先生、鴻海集團總裁郭台銘先生、法行會會長蕭萬長先生、知名主持人張小燕女士、文化大學校長李天任先生、新聞主播胡婉玲女士等，共同撞響一百零八聲的法華鐘響，象徵消解了過去、現在與未來的一百零八種煩惱。就在午夜十二點整，撞響了第一百零八聲鐘響，迎接新的一年到來。現場共有四千多人觀禮。

二月二十四日，星期六

「雲門舞集」創辦人林懷民菩薩，上午來山上向我拜年，我也帶他看了書法展。林懷民菩薩是國際聞名的藝術家，他帶領的雲門舞集，每年都有新作問世，每次公演都受到各國普遍好評，台灣也因雲門舞集而受到國際間的重視，可見雲門的影響力是相當大的。

我與林懷民菩薩的結緣，最初是由救國團的張葆樺菩薩接引。此後，我與林懷民菩薩曾有一次公開的對談，雲門也曾在中正文化中心為法鼓山舉辦過一場義演。他的父親林金生先生往生時，法鼓山的菩薩也去做了關懷。

林懷民菩薩多次探訪聖嚴法師，表達關懷之意。

● 二月二十七日，星期二

宏仁集團董事長王文洋先生，上午到法鼓山來拜訪我，方丈和尚果東法師一起陪同。王文洋先生是台塑集團王永慶董事長的少爺，他在兩岸的事業都做得很有規模。去年我們舉行第二任方丈接位大典，他從媒體上得知方丈和尚的俗家名字也叫「宏仁」，與他的公司同名，因此，對方丈

和尚感到很親切。

三月一日，星期四

三月一日起至六日，法鼓山行政中心副都監果光法師，偕果禪、常悟、常濟、常聞等五位法師及六位青年代表，到非洲肯亞的戈曼非洲保護區，出席一場由青年領袖和平促進會舉辦的「蘇丹青年和平論壇」。青年領袖和平促進會這個組織是因二〇〇六年十月底，聯合國青年領袖高峰會的會前會在象岡道場舉行而成立，也可以說，這個青年組織，是從聯合國青年高峰會延伸出來的，目前隸屬於全球女性和平促進會（GPIW）。在肯亞的大會閉幕式中，由常聞比丘代我宣讀了閉幕致詞。

同時，上午我在法鼓山上國際會議廳，做了全山導覽的第三次授課，主題為「什麼是法鼓山的景觀？」。

三月三日，星期六

行政院環保署署長張國龍先生等一行人，上午到法鼓山來拜訪我。署長對法鼓山提倡的四種環保相當熟悉，也很認同我們的理念，他希望未來環保署舉辦國際環保會議時，能與法鼓山一起合辦，也希望我能為大會舉行演說。

三月四日，星期日

元宵節這一天，我們在法鼓山大殿辦了一場觀音法會，由方丈和尚主持，我也到法會現場為大眾講了開示。

上午，我在山上見了一位楊世村菩薩，他是一家證券公司的負責人，近期把台北縣新莊的一棟五層樓公寓捐給我們。為了這件事，我問過僧團及社會大學的曾濟群校長，這個地方將來如何使用？僧團認為，可當作勸募會員的共修處，法青會也可在這裡辦

聖嚴法師神采奕奕，為北區的信眾們關懷勉勵。

活動。曾校長則說，社會大學可以借這裡辦公。但是，接下這地方以後，需要裝修，必須另外找經費。結果，楊菩薩又發心護持了五百萬元。我們把這筆捐款分成兩等份，由佛教基金會及社會大學分別持半，另外，佛教基金會也自行籌措了五百萬元。

當天，楊菩薩闔家在專案祕書廖今榕菩薩的陪同下，到山上來看我，讓我親自表達感恩，我也把我寫的一幅字「福慧世家」贈予楊菩薩，感謝他們全家人的護持。

下午，菲律賓航空公司桃園機場總經理林美莉菩薩偕同修王丕增先生，上山來拜訪我，他們兩位都是法鼓山社會菁英禪修營的學員，主要是向我拜年，我也請他們轉達法鼓山對菲航總裁陳永栽先生的感恩。陳永栽總裁是由林美莉菩薩接引，曾到過法鼓山參訪，對我們的理念很支持。這幾年，我為全山佛像及觀音聖像花了許多心思，從鑄像、造型、材質及經費來源都要設想，其中的來迎觀音，就在三門外的象山鼻尖上，即由陳永栽總裁發心護持。

三月十日，星期六

由護法總會策畫，安排我和方丈和尚到台灣各地巡迴關懷護法信眾，北區的第一場，上午在法鼓山大殿舉行，我向信眾講了開示，除此之外，也由方丈和尚為新勸募委員舉行授證，我在場觀禮。

● 三月十一日，星期日

知名評論家暨作家，也是大學教授的龍應台女士，下午來山上拜訪我。她年輕時寫的《野火集》一書，轟動一時，影響社會很深。本來我與龍教授互不相識，一九九八年在《天下》雜誌舉辦的「飛越二〇〇〇美麗台灣希望」座談會才首次晤面。後來她的父親過世，法鼓山菩薩做了一些關懷，漸漸有了互動，她曾為此向我表達感謝。這回她上山來，主要是聽到我的身體出了狀況，特別來問候我。

原來她並沒有特別想跟我談些什麼，但在敘談間，她開始提出一些問題，都是關於生命、生死與信仰層面的話題。這次的談話經過整理，成為一篇相當好的文章，在台灣《聯合報》及香港《明報》都做了兩天的連載，並由聖嚴教育基金會出版《生命與信仰的探究》一本小書，反應非常好。龍應台還問我，文章是誰整理的？當時只是些蕪雜的談話，怎麼整理之後，成為這麼好的一篇文章？這是由我的文字祕書胡麗桂菩薩整理的。

同時，台大醫院院長林芳郁教授，以及何弘能、蔡克嵩兩位副院長，偕各科主任、主治醫師及眷屬一行四十多人也於上午到山上參訪。我對台大醫院非常感恩，總是想著如何回報，除於去年七月，為台大醫院職工做了一場演講，便也只能邀請醫療團隊上山來看看我們的環境，接受簡便的午齋招待。

三月十二日，星期一

今天發生了我洗腎以來，最危急的一次狀況。我於上午八時開始洗腎，中午十一時五十五分，突然感到全身發熱，腹部很不舒服，那不像是飢餓感，卻很不舒服。我以為吃點東西就可以改善，便請侍者常朗法師準備點心，吃了一種名為「普林腎」的流質食物。我只喝了幾口，忽然覺得很累、很冷，接著便失去意識。常朗見我瞳孔放大，眼白往上翻，趕緊呼叫護理人員。醫護到了以後，有一位資深護士，立即把洗腎機上管子裡的血液，送回我體內，沒多久，我就醒轉過來了。醒來以後，我聽到有人說：「好了！好了！已經救回來了！」這是腎臟科主治醫師洪冠宇醫師說的。

這次突發狀況，前後僅只兩分鐘，若是錯過這兩分鐘，我這條命大概也沒了。這是休克。因為我的血壓太低，抽血時，體內血液一時來不及供應，心跳便停止了。這是一次很奇妙的經驗。在我休克的這兩分鐘，什麼也不知道，如果就這樣走了也很好，我並沒有感到心臟不舒服，什麼感覺都沒有。

三月十五日，星期四

十五、十六兩天，到台大醫院回診，檢查結果很正常。

●三月十七日，星期六

護法總會策畫我與方丈和尚的巡迴關懷，下午在農禪寺舉行北區第二場，我為信眾講了一場開示，由方丈和尚為新勸募會員舉行授證。這次巡迴關懷，最初我的想法，是我到各地區去關懷大家，但是護法總會顧及我的身體狀況，把北部的七個轄區合併成三場舉行，在法鼓山一場，農禪寺兩場。但我還是覺得這樣集中舉行的效果並不理想，所以後來還是到了中南部及花東親自做關懷，這也是我在年初發的一個願。

●三月二十二日，星期四

美國哈佛大學的數學權威丘成桐教授，上午偕交通大學林松山教授及台灣大學講座教授崔茂培先生，到仁愛路聖嚴教育基金會來拜訪我。丘教授希望我能給他罹患癌症的姊姊一些勉勵的話。丘教授告訴我，他的姊姊害病以來，始終不肯就醫，家人怎麼勸都不管用，所以他想到來找我，說是我的勸，她一定聽的。所以我就打了電話給丘菩薩，她果真去就醫了。

三月二十四日，星期六

護法總會各地巡迴關懷北區的第三場，今天在農禪寺舉行，我向大眾說明了法鼓大學的興學理念，希望大家一起護持。

聖嚴法師在法鼓山散步時，經常親切關懷辛苦工作中的義工菩薩們，這種體貼的心意，總是令義工菩薩們滿心歡喜。

三月二十七日，星期二

一代佛學大師林子青居士的女兒林志明女士，下午偕夫婿喬尚明及女婿蘇耿德上山來拜訪我，主要是對於法鼓文化願意協助出版林子青居士文集，向我表達感謝之意。

九

我最開心的一天

二〇〇七年四至六月記事

● 四月七日，星期六

經濟部資深專員曹四洋先生偕夫人許美珠女士，上午到法鼓山上拜訪我。我和他們夫婦許久沒見面了，一九九七年我到義大利訪問，當時曹四洋菩薩擔任我國駐梵蒂岡大使館組長，便是由他接待我，也受邀到曹府用過幾次便餐，由曹夫人為我做素食。後來他們全家都皈依三寶。當時曹夫人也帶著我到梵蒂岡做了半日參訪，她對梵蒂岡的種種如數家珍，使我受益匪淺。

曹四洋夫婦上山來訪，對山上的建築非常讚歎，說是與歐美的大教堂相較，一點也不遜色，特別是大殿迴廊及大殿前的天然山脈，更勝梵蒂岡一籌。梵蒂岡的屏障是人工建成，用許多柱子包裹起來，像是兩個半圓形，法鼓山的山勢則是天然所成。

中午，美國康乃爾大學醫學教授王忠烈醫師，以及台大醫院廖朝崧醫師、外科主治醫師蔡孟昆醫師等人，也上法鼓山參訪，我同他們用了餐敘。鴻海集團郭台銘總裁與其母初永貞老夫人，當日來訪，一起加入了餐敘。

王醫師等人與我討論了是否要裝設心律調整器一事，我自己覺得沒有必要，他們評估我的狀況，也覺得還不需要。其實很早以前，就有人建議我裝設心律調整器，但是我覺得很不方便，況且我的心律並沒有什麼大問題。

經過多年艱辛努力，法鼓山世界佛教教育園區的建設陸續完成，聖嚴法師多年來培養佛教人才的願心，也正逐步開花結果，終於有人能承擔起這份如來家業。

四月八日，星期日

法鼓佛教研修學院（現為法鼓佛教學院）上午舉行揭牌暨首任校長惠敏法師就職典禮，成為國內第一所獲教育部核准的佛教研修學院，也是第一所獨立宗教研修學院。這一天，我已等了三十年，我說這是我最開心的一天。

我們為了成立佛教研修學院，向教育部爭取了二十多年，特別是台灣大學的恆清法師與中華佛學研究所的李志夫教授，為此長年奔走於教育部和立法院之間，我們是永遠不會放棄的，鍥而不舍地努力爭取，這是我一輩子的心願。

法鼓佛教研修學院正式揭牌成立，在聖嚴法師親自主持監交下，研修學院籌備處主任李志夫教授將印信移交給首任校長惠敏法師。

下午，中華佛學研究所歷年來共二十五屆的傑出校友，也回到法鼓山出席校友會，我到了行政大樓的海會廳關懷他們，也做了簡短開示。我很高興有這麼多的校友回來，這些校友目前都各有所長，在不同的地方服務。

四月九日，星期一

四月九日起至十三日，一連五天，到台大醫院回診。這次回診做膀胱鏡檢查時，發現在我膀胱內長了四顆小腫瘤，大小各約莫0.4公分，由泌尿腫瘤科蒲永孝醫師為我切除，同時做了三天化療。

每次化療約一小時，在我體內注射化療藥劑，非常不舒服，藥物似在體內啃咬著我。以我的忍受度，大概只能忍受十五分鐘，而化療需時一個鐘頭，所以我是忍痛忍了一小時，才把藥劑排出體外。

十三日出院以後，因為先前做的化療，經常有血尿現象，出院後並沒有改善。醫師要我多臥床，少走動，因此十六日再度回院，至二十二日出院，又住了一星期。由於這次是突然住院，正值主治醫師蒲永孝醫師出國，故由黃昭淵醫師代理。而原訂四月十七日舉行的精神講話，及十九日僧活營開示均取消，唯四月十五日在農禪寺舉行的皈依大典，我還是到場講了開示，共有一千七百多人皈依。我們的皈依典禮，一年舉行四次，每次都有一千五百人到兩千人參加，人數並不算多。

四月二十八日，星期六

這是我一次新的經驗，應美國國家地理學會邀請，下午在台北誠品書店信義店的六樓視聽室，與該學會的首席探險家：維德．戴維斯（Wade Davis）博士做了一場對談，主題是「世界盡頭的光明」，由知名媒體評論工作者陳文茜女士主持，主要討論環保、心靈科學及全球氣候變遷等議題。

國家地理學會出版一本《國家地理雜誌》，有英文版，也有中

聖嚴法師與維德．戴維斯於「世界盡頭的光明」座談會上，展開一場環保議題的深度對談。

文版，我是該刊長期的讀者。陳文茜女士很優秀，這是我和她首次見面。

五月一日，星期二

我的一本英文書 *Subtle Wisdom*，今天發行中文本，書名是《禪門第一課》，由薛慧儀女士翻譯，法鼓文化發行。*Subtle Wisdom* 原來是由東初禪寺的「法鼓出版社」出版，並交由美國當地知名的雙日出版社（Doubleday）印行，在美國算是一本長銷書。

五月八日，星期二

中午在農禪寺舉行一場聯合董事會餐敘，共有五十三位董事出席。我在會中說明法鼓山各基金會的成立緣起、目的事業與功能。

我們最早成立的法人團體是中華佛教文化館，其次是中華佛學研究所，第三為法鼓山文教基金會。由於中華佛教文化館隸屬台北市，只能辦台北市地區的關懷活動，無法行及其他縣市，故另外成立了法鼓山文教基金會，興辦全國性的文化教育事業。慈善與建設道場的工作，則由日後成立的「法鼓山佛教基金會」主責。

法鼓山體系下第一個成立的寺院宗教法人是雲來寺。法鼓山與農禪寺，雖比雲來寺建得更早，可是法鼓山最初申請的名義是中華佛學研究所，屬於教育機構；農禪寺則至二〇〇四年，才取得宗教法人的資格，由台北市政府定為台北市歷史建築，正式登記的時間晚於雲來寺。

在法人團體基金會方面，尚有法鼓山慈善基金會、大愛基金會、法鼓山人文社會基金會及聖嚴教育基金會等。慈善基金會的成立，可追溯我的師父東初老人早期於文化館興辦的冬令救濟，到二〇〇一年，我們正式成立了法鼓山慈善基金會，把慈善賑濟

● 為承先啟後，聖嚴法師不只致力於保存漢傳佛教傳統文化，更努力創新與培育人才，是一位高瞻遠矚的時代先鋒。

的範圍擴大到全台灣，乃至中國大陸以及國際社會，凡是需要救災馳援的地方，皆盡力而為。

在二〇〇〇年成立的法鼓山人文社會基金會，則主要致力於社會教育與關懷工作，之於人心的安定及推動大學校園人文思想等，在兩岸都有建樹。聖嚴教育基金會成立於二〇〇六年，主要宗旨是研究及推廣我的著作和思想，使得以深刻化、普及化與國際化。現在我有一些著作，已發行簡體版及譯成各國語文，也把我的英文著作轉譯成中文，並且舉辦聖嚴思想學術研討會，探討我的思想與當代社會對應、融合及可能的影響等。

成立這個基金會的目的，不是為我個人，而是將我這數十年來投注佛教的心血，經過學術討論，予以深度分析、論述及分享，成果還是奉獻給我們的社會。此外，法鼓大學與法鼓佛教學院，也都成立了法人組織。

在這些董事會中，除了中華佛教文化館、大愛基金會之外，其他基金會的成立基金，都是由我來籌措，包括歷年來我的出書版稅以及信眾的供養。同時，我在日本立正大學設立獎學金，及在美國的哥倫比亞大學設立「聖嚴漢傳佛學講座教授」，多數的基金也都是由我籌措出來的。

五月十日，星期四

由聖嚴教育基金會與美國哥倫比亞大學合作設置的「聖嚴漢傳佛學講座教授」，本日舉行締約儀式，由聖嚴教育基金會董事長施建昌菩薩偕執行長蔡清彥及董事楊蓓等數人為代表，前往哥倫比亞大學執行締約，哥大校方則從校長李寶靈（Lee Bollinger）博士、國際事務部副總務長保羅．安德爾（Paul Anderer）教授、東亞語言文化系主任鮑伯．哈默斯（Bob Hymes）教授及宗教系主任羅伯．瑟曼（Robert Thurman）教授等都到了現場表達祝賀。首任教授為哥大宗教所教授于君方女士擔任。

五月十三日，星期日

母親節這天，安和分院及法緣會共同策畫，在台北國父紀念館辦了一場盛大的「大願祈福感恩會」，同時慶祝母親節與浴佛節兩大節日。我因有行程，無法到場，只有事先錄製一段祝福的影片，向策畫活動及現場參加的民眾表達慰勉及祝賀之意。

五月十九日，星期六

紐約東初禪寺在這天舉辦一場遷建募款的義賣餐會，地點選在紐約的拉加第亞機場萬豪酒店（New York LaGuardia Airport Marriott），由方丈和尚親自出席，我則事先錄製了一段影片，與大眾致意。

「遊心禪悅」巡迴書法展開幕，聖嚴法師被大批的媒體記者圍繞，圖中的書法，正體現了法師的心境。

五月二十六日，星期六

自五月二十六日起至二十九日，泰國政府在曼谷佛教城及聯合國亞太總部舉辦盛大的衛塞節慶祝活動，同時適逢泰皇八十大壽，我們派了方丈和尚出席，並

在二十八日的大會議程上，代我宣讀〈佛教是推動世界和平的希望〉一文。

● 六月二日，星期六

「遊心禪悅」巡迴書法展，首站到了台南新光三越西門店展出，共展出八十一件，展期自五月三十日起至六月四日。於今天上午舉行開幕式，我親自到場致意。

● 六月七日，星期四

台北蒙特梭利幼稚園校長胡蘭女士偕夫婿吳紹麟先生，下午到聖基會辦公室來看我，代表吳紹麟先生的姨父李家袓老先生，將夫人李吳麗英女士的身後遺產，捐作法鼓大學興學經費。

● 六月九日，星期六

一位印度裔的美籍人士亞俊．達瓦尼（Ajune Daswani）先生的小兒子莫希特．達瓦尼（Mohit Daswani），上午到法鼓山來看我。亞俊．達瓦尼先生是美國東初禪寺發行的一份《禪》雜誌長期的贊助者，他也經常在紐約參加我主持的禪修，他們全家我都熟識。我為他們全家人祝福，祈求平安。

六月十六日，星期六

交通大學校友會一行兩百多人，上午來山參訪，這是由社會菁英禪修營學員邱再興菩薩接引，我到了簡介館和他們見面，同時介紹法鼓山的定位，不是一般傳統的香火道場，而是以三大教育為基石的世界佛教教育園區。

同時，十六、十七日兩天，工商倫理委員會一行六十餘人在山上舉辦二日禪修，十七日下午我到場做了簡短開示。我認為，工商人士應該多多參加禪修，這對工作及事業管理都是有幫助的。

六月二十四日，星期日

廣達電腦董事長林百里先生偕前故宮博物院院長秦孝儀先生的公子無荒、無忝與千金無恙，上山來拜訪我，另有輔大博物館學研究所所長周功鑫女士等人同行。孝公生前與我有多次互動，在我們舉辦的第二屆中華國際佛學會議時，故宮還特別配合展出佛教文物特展，這在當時是一項創舉。

六月二十八日，星期四

永豐餘集團董事長何壽川先生和夫人張杏如女士，上午到中正精舍來看我。他們的寓所也在精舍鄰近，時常為我送來有機農產品，都很新鮮，也很健康。這次是我主動邀請他們，向他們表達感謝，也希望他們能夠參加禪修，護持法鼓大學。張杏如女士是我們第三十屆菁英禪修營學員，而何壽川菩薩忙於事業，至今還沒有參加，我希望他還是能撥出時間參加禪修。

六月三十日，星期六

法鼓山人文社會基金會下午在台北圓山飯店辦了一場「新時代・心倫理」座談會，邀請前監察院長錢復先生、宏碁集團創辦人施振榮先生、前清華大學校長劉炯朗先生及台積電文教基金會董事張淑芬女士，與我一起座談，由知名主播葉樹姍女士主持。行政院院長張俊雄先生也到場致詞，台積電創辦人張忠謀董事長則坐於觀眾席上，在互動時間，也給了我們一些回饋。

聖嚴法師的著作是佛教珍貴的法寶，學識豐富的法師，本身就宛如一座活的佛教圖書館。

十 不一樣的法鼓大學

二〇〇七年七至九月記事

七月一日，星期日

第四屆漢藏佛教文化交流研究班，上午在法鼓山階梯教室舉行成果發表會，我到了現場致詞。漢藏研究班是由西藏交流基金會及蒙藏委員會委託中華佛學研究所主辦，自二〇〇一年起試辦，今年是最後一屆。

下午，全球法青悅眾培訓營在山上禪堂舉行，我則對他們講了重話，希望法青會的幹部要學會承擔。因為法青會的成員，多數已不是學生，而是在職的社會人士，因為有心學佛，而來參與法青。但如果只是來參加受訓，沒有承擔起任務，那不是我們舉辦

重視青年人才培育的聖嚴法師，勉勵參加「二〇〇七年全球法青悅眾培訓營」的法青成員，要成為有慈悲心、有願力的佛教青年。

這類活動的宗旨。我講了重話以後，他們是真正承擔起來了。所以，有的時候講重話是很有用的。

七月二日，星期一

七月二日至四日，定期入院回診，做了膀胱鏡檢查，常持法師為我捐了二十四單位血小板。這次檢查結果很正常，並未發現腫瘤。

七月七日，星期六

七月七日起至八月二十五日，話頭禪四十九在法鼓山禪堂舉行，由我親自主持，講了近二十場開示。這次禪期由果如及果元法師擔任總護，發生了一些狀況。果如法師帶得非常嚴厲，其他法師也跟著嚴厲起來。所謂嚴厲，就是時間到了，一定打香板，不論禪眾用功情況如何，時間一到就打香板，而且是全堂打，而不是選擇性地打，這是矯枉過正了。但是對我們來講，也是一次學習的經驗。

七月八日，星期日

上午在法鼓山校史館，接受年代電視錄影專訪，談「心六倫」。這是由年代電視台董事鍾明秋菩薩安排，她也是我們的護法信眾。心六倫是現代人需要的倫理，而有「家庭」、「生活」、「校園」、「自然」、「職場」、「族群」等六種面向。我也把心六倫的涵意、目的及期許，在節目中做了介紹。

聖嚴法師在農禪寺主持皈依祈福大典。法師在陞座主持皈依前，總會虔敬禮佛。

七月二十二日，星期日

雖然這天仍是在話頭禪四十九期間，但是上午我還是抽空到了農禪寺主持皈依祈福大典，共有將近一千六百多人皈依。

七月二十四日，星期二

前來台灣訪問的中國大陸中華宗教文化交流協會副會長齊曉飛先生、常務理事徐遠杰先生、江蘇省宗教事務局局長翁振進先生，以及國家宗教事務局港澳台辦處長趙磊先生等一行人，上午至法鼓山參訪，我親自接待，陪同他們參觀了大殿、禪堂，同時交換兩岸佛教交流的意見。

七月二十八日，星期六

「遊心禪悅」巡迴書法展第二場，上午在台中新光三越百貨舉行開幕式，展期從七月二十七日起至八月五日。台中市長胡志強先生偕夫人邵曉玲女士，以及立法委員盧秀燕女士和中部法行會等多位菩薩都到場出席。

這活動有個插曲，胡市長的夫人邵曉玲女士雖然傷勢尚未痊癒，仍到場向我致意。這是因為去年底，我在美國第一時間獲悉了胡市長夫婦車禍的消息，當下即寫了慰問信，交由正要返回台北的信眾帶回。在車禍發生後第四天，這封信就送到了胡市長手中，這讓他很驚訝，說這是無法想像的事，師父人在美國，怎麼數日間，就收到了我的親筆慰問函。他還開玩笑地說，法鼓山傳送效率之高，可以開快遞公司了。

中午，在我下榻的台中裕園花園酒店，彰化縣縣長卓伯源先生偕社會局局長陳治明菩薩，一起來拜訪我。陳治明是我們的資深悅眾，過往幾年，我到各地關懷，經常都是由他帶著一組護勤菩薩來照顧我。他與卓縣長是舊識，卓縣長也是我們社會菁英禪修營的學員，現在他延攬陳菩薩加入彰化縣政府團隊，這是彰化縣民的福氣。卓縣長的政績很受肯定，我經常說：「身在公門好行善。」我也把這句話送給他。

晚間，台中裕園花園酒店的創辦人，也是寶成集團的總裁蔡其瑞先生偕夫人黃淑滿女士，到花園酒店來探望我。他們夫婦倆是

●「遊心禪悅」巡迴書法展台中場的記者會中，聖嚴法師與大眾一同歡迎貴賓致詞。

虔誠的三寶弟子，蔡總裁寫的一手好字，對中西繪畫都有深研，著力很深，我也請他對我的書法給予指教。

同時，護法總會下午在逢甲大學體育館舉辦了中部地區的勸募關懷，由方丈和尚為新勸募會員授證，我則到場講了開示，共有一千二百多人參加。

七月三十一日，星期二

上午在雲來寺以「法鼓山的四大堅持」為題，對僧眾、專職及各地護法悅眾舉行精神講話。

八月二日，星期四

下午在中正精舍，接受台灣文化事業學會（ＩＣＡ）執行總裁理查．威斯特（Richard E. West）先生及開放智慧引導科技引導師吳咨杏女士訪談，為將要舉行的「法鼓大學使命願景共識營」，給予期許與勉勵。這個活動是由榮譽董事會會長劉偉剛菩薩策畫，他建議法鼓大學的募款，可以由顧問公司與我們內部核心的成員，以及關心我們辦學的教授，進行為期兩天的工作坊，希望藉此達成共識。其實，一開始我對這個活動並不抱太大希望，因為這是過去我們也辦過的，成效有限，但是劉偉剛菩薩很堅持，因此找來這兩位顧問帶領工作坊，也在事前為我做了訪談。

●八月五日，星期日

傍晚在農禪寺為社會菁英禪修營共修會講了開示，講題是「大小乘佛法的不同」，等於是一次專題演講。

●八月七日，星期二

法鼓大學籌備處主任交接典禮，下午在法鼓山海會廳舉行。法鼓大學籌備處的成立，最早是從中華佛學研究所李志夫教授著手策畫，後由曾濟群校長接下籌備處主任。曾校長為了法鼓大學，盡心盡力奉獻十年，現因年屆退休，由果肇法師接下籌備處主任，未來法鼓大學正式辦學以後，校長將是劉安之菩薩。

這十年來，法鼓大學硬體工程遭遇的困難非常多，很不容易有進展。但在曾校長任內，他以法鼓大學籌備處名義，辦了三場非常成功的學術研討會，同時他所負責的另一項人文社會基金會工作，也在兩岸七所重點大學設置了「法鼓人文講座」，這也是他很重要的貢獻。他也把我的《天台心鑰》一書，提報申請中山學術著作獎，因而獲獎，可說是他對我個人的貢獻了。

二〇〇三年起，我請曾校長投入社會大學興辦，從金山開始，爾後陸續在大溪、台中、新莊及北投開辦，並且把社會大學的工作轉入人文社會基金會的目的事業。現在，曾校長仍在法鼓大學董事會及人文社會基金會擔任要職，仍是繼續奉獻。

● 八月九日，星期四

應台北縣政府之邀，上午前往台北縣政府出席一場「環保網路普度記者會」，由縣長周錫瑋先生親自主持。這場記者會的目的，是為了改良風俗，呼籲大眾減少大量焚燒紙錢及燒香的做法，改用網路普度，達到祭祀與環保的雙重功能。我也從文化、宗教與環保三個層面來談民間習俗，建議類似的習俗，可發展成地區的文化藝術節。信仰以虔敬為首，虔心祭祀是最重要的，也要珍惜有限的地球資源，不製造污染。

● 八月十一日，星期六

「遊心禪悅」巡迴書法展的第三場，上午在高雄市立文化中心舉行開幕式，我親

聖嚴法師搭乘高鐵到高雄，參加「遊心禪悅」巡迴書法展高雄場與多場弘法活動，親自體驗刷卡進站。

自到場致意，展期從八月十一日起至二十二日止。到場的與會嘉賓，有立法院院長王金平先生、高雄市市長陳菊女士、前高雄市議會議長陳田錨先生、立法委員黃昭順女士、羅世雄先生、林岱華女士，以及鳥松鄉鄉長林榮宗先生、義守大學教授黃俊英先生等，現場觀禮民眾非常踴躍，幾乎壅塞會場。

上午在高雄紫雲寺舉辦的皈依典禮，我也到場開示，共有來自高雄、屏東、台南、嘉義等地的一千多位民眾皈依，包括了高雄縣縣長楊秋興先生的夫人林淑芬女士。

下午則是護法總會安排，由我與方丈和尚為大高雄地區的護法信眾做了關懷，方丈和尚並為新勸募會員授證，我則介紹了法鼓山的三大教育，說明法鼓大學辦學的理念，希望一代一代的人都來關心教育，護持這所不一樣的大學。

八月十二日，星期日

十一、十二日兩天，「法鼓大學使命願景共識營」在法鼓山上舉行，我到海會廳聽取結論。

八月十八日，星期六

從八月十八日起至二十四日，農禪寺啟建梁皇寶懺法會，我在法會第二天及圓滿日都到場講了開示。這次法會非常殊勝，每天都有四、五千人參加。監院果燦法師非常用心，在農禪寺搭了幾個帳篷，使場地更為寬敞，主懺堂和燄口壇都不在大殿，而設在臨時的帳篷裡。

八月二十五日，星期六

我和方丈和尚的各地巡迴關懷行，今天下午來到花蓮舉行。同時，上午有一場皈依典禮，地點同在花蓮高商活動中心，將近四百人皈依。花蓮市長蔡啟塔先生、花蓮縣議會議長楊文值先生、花蓮佛教居士會會長陳貞如菩薩等貴賓都到場觀禮。

值得一提的是，原訂上午九時舉行的皈依典禮，受到花蓮當地氣候不穩定的影響，花蓮機場一度關閉，使得我和方丈和尚的班機均受延誤，至中午才抵達。這麼一來，皈依典禮也跟著延後，可是現場皈依民眾及觀禮嘉賓都非常有耐心，始終留在會場，這讓我既覺得抱歉，也對他們的耐心，非常感動。

● 聖嚴法師前往花蓮地區進行關懷，並為當地民眾舉行皈依典禮，看到久違的地區信眾，法師滿心歡喜。

● 八月二十八日，星期二

上午到台北縣政府，出席一場「北縣升格，環境昇華」環保心靈論壇，由縣長周錫瑋先生提問，我來回答。訪談主題包括：

人間淨土的推動、環保的議題，以及給第一線環保值勤人員的勉勵等。

● 九月一日，星期六

今天在法鼓山有場特別的聚會，邀請本年度即將剃度的學僧的家屬們上山參觀，並讓我和學僧家屬們見面，說明在法鼓山出家的殊勝好處，以及當面回答家屬的疑問。

● 九月三日，星期一

知名作家吳若權先生多次訪問我，寫成的《甘露與淨瓶的對話》一書，下午在安和分院舉行新書發表會。這本書是在今年一至三月間，若權到中正精舍與我做了七個主題的訪談，因我身體偶爾不適，訪談一共進行八次。若權成稿以後，每篇均讓我看過，最後交由圓神出版社發行，法鼓文化並沒有參與，因此我放棄版權。若權為此捐了一筆款項，用以護持法鼓大學。我則告訴若權，作家收入並不穩定，不需要為此捐款。但是他說，捐款是一回事，對於書的推廣，他會更努力。

若權的接觸面廣，寫散文，也寫勵志文，又是探討兩性的專家，並在多家企業擔任行銷管理顧問，是一人身兼多職，徹底發揮長才。

九月九日，星期日

由法鼓山人文社會基金會舉辦的第一屆「關懷生命獎」，下午在台北西華飯店舉行，邀請立法院院長王金平先生與我共同擔任頒獎人，現場有兩百多人觀禮。

關懷生命獎是我們推動防治自殺運動的項目之一。我們的社會是很溫暖的，有許多團體及個人，或者默默地，或者專業地做著關懷生命的工作。我們舉辦這個活動的目的，就是給予這些付出關懷的團體及個人一些鼓勵。這次的團體獎，由「張老師基金會」獲得，個人獎得主是「牧愛生命協會」執行長吳美麗女士。

聖嚴法師與第一屆關懷生命獎的得獎者及貴賓們合影，希望為這些關懷生命工作所付出的團體及個人予以支持及鼓勵。

典禮由新聞主播廖筱君小姐擔任主持人。「關懷生命獎」不是只舉辦一屆，而會持續地辦下去。

● 九月十五日，星期六

應電視製作人王偉忠先生邀請，下午我到中國電視公司錄製《全民大講堂》節目，在節目中介紹「心六倫」運動。節目採座談會方式進行，由新聞主播林書煒小姐主持，並邀請富邦文教基金會執行長陳藹玲女士及法鼓山人文社會基金會祕書長李伸一菩薩與我一起座談，由我們三人從不同的角度與立場，介紹心六倫。

● 九月十六日，星期日

九十六年度法鼓山大學院教育聯合畢結業暨開學典禮，上午在法鼓山國際會議廳舉行，包括僧伽大學、中華佛學研究所、漢藏佛教文化交流研究班，以及第一屆的法鼓佛教研修學院新生在內，是歷年來人數最多的一次。

●九月二十一日，星期五

在入院回診前做了驗血，因紅血球太少，由比丘常欽為我捐了紅血球五百西西。

●雖然每日行程滿檔，但是聖嚴法師總是不畏辛勞，只希望將佛法帶給需要的人。

●九月二十二日，星期六

護法體系巡迴關懷行的最後一站，下午在台東信行寺舉行。同時上午也舉行了皈依典禮，有二百四十餘人皈依，台東縣長鄺麗貞女士、台東縣議會議長李錦慧先生、護法總會總會長陳嘉男菩薩和三位副總會長黃楚琪、楊正雄、周文進菩薩，以及法行會三十多位菩薩到場觀禮。

● 九月二十五日，星期二

聯電榮譽董事長曹興誠先生，下午到安和分院來拜訪我。曹董事長曾經參加社會菁英禪修營，也對我們的青年活動和國際賑災多次支持。這些年，曹董事長經營事業遇到了些困難，我經常打電話關懷他，也請他有空到道場走走。我在法律上幫不了他的忙，在心理上，希望可以給一些關懷。

● 九月二十九日，星期六

寶成集團總裁蔡其瑞居士闔家，上午到法鼓山來看我，這是我與蔡總裁的第二次見面。蔡總裁全家信仰三寶，蔡總裁每天誦讀《金剛經》，夫人黃淑滿女士以《普門品》為恆課，兩位千金則持〈大悲咒〉，全家都是非常精進的三寶弟子。

十一 病情危急

二〇〇七年十至十二月記事

●十月一日，星期一

十月一日起至十三日，我到台大醫院進行回診，發生了幾次突發狀況。十月一日上午進行血液透析，護士替我下針時，發現我的左手腕動脈血管已經阻塞，無法透析。醫生便在我左鼠蹊裝上一條導管，支持暫時透析使用。我在二〇〇五年洗腎初期，當時曾在右側鼠蹊埋了一條導管，此次則在左鼠蹊。這種臨時導管至多可用一個月，故於八日，又在我右手腕上開刀植入人工廔管。奇怪的是，在我左鼠蹊的導管，不久也開始阻塞，而我右手腕的廔管尚無法使用，還需三星期的培養。為此，醫生又在我左鼠蹊部動刀，埋入導管，等於在我左側鼠蹊動了二次手術。雖然原則上並不許可，卻是不得不然。

血液透析，是把動靜脈接合制成一截廔管，供血液一進一出，我的情況是血液可以輸出，但送不回去。這段時期，因我右手腕動了手術，接成人工廔管，鼠蹊側也動了刀，如此，全身上下都痛，痛了兩星期。所幸十月二日做的膀胱鏡檢查並未發現腫瘤。在我全身上下動刀的這段時期，膀胱鏡檢查結果是正常的，可說是放了我一馬。

這次共住院十三天，於十三日下午出院。

十月十八日，星期四

十月十八日起至二十一日，第二十九屆社會菁英禪修營在法鼓山禪堂舉行，有一百一十二名禪眾參加。雖然才出院不久，仍上山講了三次開示。

十月二十一日，星期日

上午在法鼓山創辦人辦公室，接受《康健》雜誌主編張曉卉及資深記者林芝安兩位女士專訪，談及喪儀、臨終關懷、親人病危時家屬的處理，以及身後事安排等。這是該刊為了新書企畫做的採訪，宗教界的受訪者，除我以外，另有天主教的單國璽樞機主教。

十月二十三日，星期二

上午在法鼓山第二大樓五樓齋堂，以「佛教、佛學與佛法」為題，同步透過視訊，對整體僧眾、專職及各地悅眾做了精神講話。

同時，上海靜安寺前老住持德悟長老，由聖靈寺今能長老及新加坡毗盧寺住持慧雄法師陪同，上午也到法鼓山來看我。我在《法源血源》及《歸程》二書中都曾經提到德悟長老。長老是靜安寺子孫廟時期的最後一位子孫，靜安寺原是子孫寺廟，採師徒制剃度相傳，並不接受外人，但是從他手上，靜安寺一轉成為選賢制的十方叢林，而且興辦佛學院，我因此當了靜安寺佛學院學生，當時長老對我非常關愛。這些年，長老常念著要來台灣看我，又聽說我害了病，特別來山上一趟，這是他對我的厚愛。

可惜他老人家到了法鼓山未能久留，我想請他留山小住上幾天，可是他的行程很緊湊，只在

●聖嚴法師與德悟、今能兩位長老會面，相談甚歡，對於師友遠到來訪關懷，法師心中非常感謝。

山上用了午齋就走了，很可惜，也讓我感到很遺憾。

●十月二十七日，星期六

二十七日起至二十九日，一連三日，由法鼓山及全球女性和平促進會（GPIW）共同合辦的「亞非高峰會議」在法鼓山上舉行，來自亞、非、美洲及中東共三十三位國際人士與會，以「喚醒全球性的慈悲」為主題，討論宗教的慈悲與智慧，如何達成世界環境的關懷。我出席了二十七日上午的開幕式，做了簡短致詞，主題為「以慈悲化解鬥爭、暴力與衝突」。

雲門舞集藝術總監林懷民老師，上午也到法鼓山來看我。他才剛從巴西返台，特別來山向我問候。我也恭賀他最近獲得台北藝術大學榮譽博士學位，這是他在華人地區獲頒的第六個榮譽博士學位。

午後則有台中亞洲大學校長張紘炬先生，偕葉祖堯、李禮仲及陳瑾瑛三位教授等一行，上山來拜訪我。葉祖堯教授邀請我明年與一位美籍太空人艾德格．米契爾（Edgar Mitchell）博士舉行對談，時間訂於明年春夏，我答應了。對我來講，這也是一次新嘗試。

● 十月三十日，星期二

中秋節上午，國民黨正副總統參選人馬英九先生及蕭萬長先生，連袂到安和分院來拜訪我。馬英九先生和我分享了過去兩個月來他環島下鄉的心得，親身體會此地民眾的純樸與善良，對這塊土地充滿無限希望。我也同他們談了幾句佛法。

午後於中正精舍，二度接受「法鼓大學使命願景共識營」引導人台灣文化事業學會（ＩＣＡ）執行總裁理查．威斯特（Richard E. West）先生及吳咨杏女士訪談，說明我對法鼓大學學生的期許。

● 十一月四日，星期日

上午在農禪寺舉行的皈依大典，共有一千五百多人皈依。由於我才出院不久，無法久立，因此是坐著輪椅出席這場活動，我也講了開示。

● 十一月七日，星期三

十一月七日起至二十六日，我又住進台大醫院，這回入院達二十天。

我於七日上午前往台大醫院洗腎中心，八時開始洗腎，中午十二時三十分，因感便意而中止，但如廁時並沒有排出什麼。繼續洗腎半小時後，便感到全身發冷，接著發燒，便是一冷一熱；冷的時候渾身顫抖，熱的時候全身冒汗。腎臟科主治醫師蔡敦仁教授見狀要我立即住院，把我從洗腎房轉到了一般病房。

轉入病房以後，我的血壓持續下降，而心臟變得緩慢，醫生便為我施打強心針，使我十分痛苦。我的心跳本來很慢，打了強心針以後，忽然急速上升，使我心臟不舒服，全身都不舒服，因此又再緊急轉入三樓的加護病房。

這次檢查發現，在我鼠蹊部的導管，因受大腸桿菌感染，導致「菌血症併敗血性休克」，必須再行手術，便在我現有的洗腎導管中再伸入一條導管，之後施打兩劑抗生素。但我全身還是感到冰冷，冷得牙齒無法咬合而不停打顫，全身神經也因收縮而非常難受。那種冷，就像寒冰地獄一般，使我難以忍受。本來我並不怕痛，但是這回卻痛得讓我無法忍受，只有大叫，大叫的時候還是痛，卻可一時抵過痛的感覺。

我問醫師，有沒有辦法舒緩疼痛？這麼一問，結果又為我施打第三劑抗生素。但抗生素的藥效作用，必須等上四至六小時後才能發揮。我則已是無法忍受，時已近子夜十二時，便要求醫師為我施打止痛針。可是我在洗腎病房已打過止痛針，值班醫師也不敢作主，經我一再要求，最後是折衷減半，又因現場未有止痛針，必得上藥房拿，為此又等了半小時，此間過程，真使我痛不欲生。

打了止痛針，終於可以入睡了。待我醒轉過來，已不再有強烈的冷、痛之感，卻還是全身盜汗，因此換了兩套衣服。此後，我便一直待在加護病房，每天早晚各打一劑抗生素，至十一月十四日轉入普通病房，二十六日出院。

由於這次突發狀況，十一月二十四日於法鼓山上舉行的環保生命園區啟用儀式，我已無法出席，由方丈和尚果東法師代我主持。我為環保生命園區已奮鬥六、七年之久，其間與北縣府及內政部溝通往返無數，如今正式啟用，使我非常歡喜。生命環保園區啟用之日，即有十一位菩薩

● 聖嚴法師因病無法出席環保生命園區啟用儀式，由方丈和尚果東法師代為主持。為了率先響應植存，也將東初老人的骨灰植入園區中。

的骨灰植入，包括我師父東初老人的部分骨灰。山上的環保生命園區是開創台灣殯葬史新的一頁，但盼骨灰植存的觀念，能獲更多地方響應支持。

十二月一日，星期六

「遊心禪悅」巡迴書法展的台北場，十一月二十九日起至十二月十一日在台北新光三越百貨公司信義店展出，開幕式在今日上午舉行，現場有新光集團創辦人吳火獅董事長的夫人吳桂蘭女士與兒子吳東亮先生、雲門舞集創辦人林懷民先生、故宮博物院院長林曼麗女士、聖靈寺住持今能長老、中央警察大學校長謝銀黨先生等上百位嘉賓出席。

由於此時我才出院不久，身體仍很虛弱，當司儀葉樹姍菩薩向大眾告知我已來到現場，一時之間，大家並沒有看到我，都在四顧張望著，直到我坐著輪椅上了講台，這才見到我。我是剛從鬼門關逃出來的。

下午，高雄縣縣長楊秋興先生與友人一行，到安和分院來拜訪我，他們都是為了護持「遊心禪悅」書法展的菩薩。

而我的一本新書《方外看紅塵》，也在今天由法鼓文化出版。這是過去兩年多來，我在《聯合報》「方外看紅塵」專欄集結所成的文稿。

這本書的緣起，是因《聯合報》社長王文杉先生的母親謝家蘭女士，乃是法緣會會員，她在二〇〇四年初上法鼓山看我，主動表示希望我能在報刊上闢個專欄，為社會種種的疑惑和亂象，提出佛法做疏導。不久，王文杉社長也親自來拜訪我洽談此事。便從二〇〇五年元月起，每週日固定在《聯合報》繽紛版與讀者見面，前後持續兩年又六個月。

這兩年多來，都是由該刊資深記者梁玉芳小姐來採訪我，由她尋找題材、設想題目，有時一次傳來十幾個提問，有時則是兩、三題。採訪方式，或由她親自向我採訪，或者視我的健康狀況，由我方工作人員提供我答題的錄音檔，交梁玉芳整理，梁玉芳成稿以後，經我過目，才於《聯合報》發表。

這個專欄持續了兩年半，本來還可以持續下去，但我自己覺得時間是有些長了，應該可以暫停，且文稿份量也已足夠出書。我要感謝《聯合報》毫無條件讓出版權，以及梁玉芳小姐的貢獻，她是採訪者、整理者，卻不要求任何回報，而把全書交由法鼓文化出版，這是非常難得的。

● 十二月四日，星期二

雲門舞集創辦人林懷民先生，下午到中正精舍來看我，為我送來一本他的新書《跟雲門去流浪》，我也回饋數冊寰遊自傳請他指教。就在一個月前，林懷民才上法鼓山看我，日前在台北新光三越的「遊心禪悅」書法展開幕式，我們也才見面，他是很關心我的身體狀況，特別又來探望我。

十二月八日，星期六

八日起至十五日一連八天，我們在法鼓山上首度啟建「大悲心水陸法會」。我在法會期間幾度上山，由侍者攙扶著我，到了各個壇場關懷。最後一天的送聖法會我也到了，在兩名侍者攙扶之下，緩緩走上台前，為大眾講了開示。

水陸法會的儀軌，最早是從梁武帝時期開始，後來歷代都曾為此做了補充及修訂，最後一次修訂，則由明末蓮池大師所做。民國以後，雖有印光大師做了一則序文，但在內容上，未有任何增添或者刪修。到了現代社會，水陸儀軌的內容實有進行修訂的必要，也才能符合時代的需求。

可是到目前為止，固然台灣與中國大陸興辦水陸的風氣相當興盛，卻是沒有人想到，或說膽敢為水陸儀軌進行修訂。而法鼓山要做的事，從來不是追隨他人之後，而是創新。可是，這個修訂的工程非常浩大，若非有大善知識無法完成，我自己也沒有精力親自來做。

因此，便交代弘化院的果慨比丘尼向廣慈老法師請教，同時我們也辦了一場水陸的學術研討會，聽取學者專家的看法，此外，僧團也成立了一個專案小組；如此多管齊下，終於完成了水陸儀軌的修訂。我們修訂的內容不少，比如傳統水陸要燒紙人、紙馬、紙錢，我們把這些項目都刪掉了，而改用其他的方式代替，使之能合乎現代環保的要求。

原來我是不主張做佛事的，但是現在，燄口、水陸，許多的佛事我們都做了。為什麼？因為信眾支持我們的弘法與教育事業，也支持我們的工程建設，但是僧團的維持與生活所需，以及建築物所需的維修經費，我們並沒有向信眾募款，必須另想辦法。而辦法就是做佛事、辦法會。但是，我們辦的佛事和法會與傳統不同，都是經過了改良。例如梁皇寶懺和放燄口，我們會要求信眾一起參加，跟著法師一起拜懺、一起放燄口，如此，佛事莊嚴的場面跟過去是不同的。

過去傳統的道場，信徒只是來拜拜、寫功德金，或者吃一餐飯就走了。我們的做法不同。信眾參與法會，不僅是寫功德金，也一起參加拜誦，一起參與法會的進行，這是非常莊嚴隆重的，而且參與的信眾，都有一種接受教育感化的功能。信眾參與法會，實際上就是聽聞佛法、修行佛法，這些都是在佛事中完成。法鼓山與傳統道場不一樣的地方，在於幾千人參與的法會，會場除了唱誦聲，不會私語嘈雜，而都是整齊劃一：衣服整齊劃一，唱誦也是整齊劃一，沒有散心雜話的現象，就是佛事中的休息時間，大家都還是默默地念佛。

我希望水陸法會也能夠做到這般，但是很多的人沒有信心。因為水陸法會的規模很大，總是上萬人參與，況且水陸的壇場，內外壇很多，人一多容易嘈雜，但是我們想辦法使法會莊嚴隆重而且肅穆和諧。最終我們還是辦到了，在法鼓山做到了。可是我們的場地依然有限，可容納的人數還是不多，至多只能容納八千人，尚不足一萬人。

在水陸法會圓滿日舉行的送聖儀式，前泰國外交部長桑納旺斯（Krasae Chanawongse）先生、故宮博物院院長林曼麗女士，以及北海岸鄰近鄉鎮的鄉民代表與

法鼓山首度啟建「大悲心水陸法會」，是法鼓山有史以來舉辦規模最大、動員人數最多、內容最豐富的法會。法會秉持著聖嚴法師的革新理念，回歸佛法的本質，讓大家能夠真正以此為修持的法門。

各界賢達都出席了這場盛會，美國CNBC電視台也到場進行拍攝。八天七夜的法會期間，共有八萬人次參與。所謂八天七夜，因為法會不光在白晝舉辦，夜裡也有佛事，特別是送聖當天，信眾夜裡就要起床了。

到場拍攝的美國CNBC電視台，也在這天上午為我做了專訪。擔任採訪的是加拿大多倫多資源媒體傳播公司（Resource Media）製作人凱文．福克斯（Kevin J. Fox）先生，他發心要替法鼓山拍攝一支紀錄片，我也為紀錄片取名叫作《法鼓鐘聲》：在法鼓山聽見和平的鐘聲。

●十二月十五日，星期六

今天是我們法鼓山首次舉辦水陸法會圓滿的日子，有近萬名的信眾參加，每個人都感到法喜充滿。我覺得很欣慰，這的確是一樁有意義的事。

因此，在送聖典禮後的開示中，我特別再度說明我們舉辦水陸法會的原因。水陸法會又名「無遮大法會」，特別強調以平等心來布施十方一切水、陸、空的有情眾生，而法鼓山是觀音菩薩道場，通過觀音法門，使得一切根器的眾生都能得度，這就是我們辦水陸法會的緣由和目的。

此外，法鼓山舉辦的水陸法會，是具有革新意義的。經懺佛事不是不好，只可惜後來的演變，使水陸淪為一種營利的項目，而非專心辦道的修持方法。我們針對這些民間信仰的成分，以及不符合環保理念的做法，全皆去除。我也希望今後的水陸法會，不僅僅是法鼓山這麼做，其他道場也能夠一起嘗試改變。

十二月十六日，星期日

知名影星李連杰菩薩，下午到安和分院來拜訪我，同行有法行會何美頤菩薩。李連杰菩薩此行是為了響應法鼓大學興學，捐出兩百張他主演新片首映會門票，做為護持法鼓大學的結緣品。

這是當時榮譽董事會會長劉偉剛和連智富菩薩等，正為法鼓大學的募款推出一項「5475」專案，即是每個人每天捐五塊錢，三年捐出五千四百七十五元，而集合百萬人的功德，完成法鼓大學的興學。李連杰菩薩是為了響應這個活動而來。其實，我們推出「5475」募款專案以來，並不是所有護持的人只護持一份，而是有的人護持十份、百份，甚至更多。例如鴻海集團郭台銘先生，他便熱心地認捐了一萬個名額。這個活動，除獲得法鼓山信眾支持之外，也有近三分之一名額，來自社會大眾的發心。

●十二月二十日，星期四

下午在中正精舍，接受《時報周刊》記者孫沛芬小姐專訪，主題為「什麼是生命的意義與價值？」。

●十二月二十一日，星期五

十二月二十一日起至二十六日，由法鼓山人文社會基金會與法行會合辦的「啟動心六倫．提昇好人品」活動，在台北市信義廣場舉行，我於二十一日晚間到了會場。這次活動辦得不是很成功，從計畫、調查與設想上，都不是很周全，加上信義廣場平時並沒有流動的人潮，參與的人並不多。但我還是感謝主辦的幾位菩薩，他們都是非常熱心的義工，雖然效果不甚理想，但是精神可嘉。

●十二月二十三日，星期日

高鐵董事長殷琪女士及台北市長郝龍斌先生，上午相繼到法鼓山來看我。殷董事長與郝市長是舊識，最初我與他們兩人是各別約的行程，當郝市長得知殷董事長當天也會上山來看我，便主動提議併會，說是節省我的時間，讓我多休息。郝市長一直念著要來看我，卻始終無法成行。

其實，台北市長是相當忙的，台北是首都、大都會，我知道市長的行程很忙，他能百忙之中抽空來看我，我很感激。當天我也跟郝市長提起，我與他的父親郝柏村將軍也已經約了很久，至今未能見上一面。後來郝柏村先生真的來了，他是我的同鄉，他是鹽城人，我是南通人，都在江蘇省。

●十二月二十七日，星期四

華信航空新任董事長陳盛山先生，由前交通部長林陵三夫婦及公路總局陳晉源夫婦陪同，下午到安和分院拜訪我，同行另有我們的老信眾李枝河菩薩。陳盛山董事長主動要求皈依，我祝福他身心平安，事業平安，飛航平安。

十二

傳承與創新

二〇〇八年一至三月記事

●一月一日，星期二

新書《真正的快樂》由法鼓文化出版，這本書也是從電視節目《大法鼓》集結而成，出版以後，迴響非常好，我也經常把這本書做為貴賓贈書。

●一月五日，星期六

美國佛教會會長暨海明寺住持明光法師，下午偕海明寺果印法師及黃淑媛菩薩到法鼓山來拜訪我。海明寺悟明長老剛出版兩本回憶錄：《仁恩夢存》及《美遊心影》，都是由法鼓文化協助編校，明光法師為此向我致意，同時他也對方丈和尚果東法師前往美國出席沈家楨老居士的告別式，向法鼓山表達感謝。

●一月六日，星期日

第十三屆佛化聯合婚禮上午在法鼓山大殿舉行，共有六十四對新人參加。佛化婚禮初辦至今已有十餘年，參與的新人也有五百多對，他們之中有的小菩薩已經到了就讀中學的年齡。雖然傳統佛教界反對，我們還是堅持每年要辦。

這次典禮的證婚人，仍是邀請到伯仲文教基金會董事長吳伯雄先生，而由台北縣大家長周錫瑋縣長夫婦擔任主婚人，護法總會陳嘉男總會長夫婦擔任介紹人。我則以「心六倫」的「家庭倫理」期勉新人，夫婦之間是倫理關係，不是論理關係。

下午在山上的國際會議廳，護法總會舉行了新年度正副會團長、轄召、召委及委員授證典禮，由方丈和尚主持授證，我也到場勉勵開示。

一月十日，星期四

德國圓覺寺方丈如典法師偕弟

法鼓山方丈和尚果東法師與佛化婚禮的新人們合影。佛化婚禮是為了鼓勵共結菩提姻緣的新人們能夠建立起佛化家庭。

子一行，下午到安和分院來拜訪我，我們就佛教教育的議題，彼此交換意見。如典法師是我在日本立正大學的學友，他的本籍是越南，通曉中、英、日、德等多種語文，他在德國的道場，主要是弘揚淨土法門。

●一月十三日，星期日

高雄美濃朝元寺的兩位比丘尼融智、融誠，與信眾一行人，上午到法鼓山來看我，跟我談起在朝元寺為我重建當年關房及設紀念館的想法，我並不贊成。當年我在朝元寺掩關的關房，早已經拆除，若要重建，既是大費周章，也沒有必要。如果是做為紀念性質，只要一個小小紀念室就足夠，在紀念室展出我於關房期間寫的書，及少數我當時用過的文物、衣物即可。除此，要大興土木、大費周章的事，我都不贊成。

其實，紀念我的地方，就是現在我住的開山寮。將來這個地方就是我的紀念館，裡頭會展出我的藏書和書法，原則上展示的空間不會太多，主要是紀念性質，就是讓人到了這地方，可以懷念這是過去聖嚴和尚住的地方。

●一月十五日，星期二

今天很熱鬧，國內的十五家媒體，包括《中國時報》、《聯合報》、《自由時報》三大平面媒體，以及台視、中視、華視、民視、公視、東森、TVBS、三立、中天、年代、非凡、八大等十二家電視媒體的負責人，下午齊聚於台北圓山飯店，響應我們所舉辦的「好願在人間」運動，籲請全民一起來許好願、做好事，共同轉好運。我也拍攝了一支《好願在人間》公益廣告，由王念慈小姐主持的大好工作室執行，影片拍得相當好。我們之所以辦這個活動，是因為這段時期的台灣社會很浮動，各種「爆料」一波接著一波，非常聳動，而媒體嗅到「爆料」消息，一定會報導，又好像這個事就是大事，民心也跟著浮動起來。

這個活動和二〇〇一年「大好年」運動的性質是相近的，除了獲得各家媒體負責人的響應，我也呼籲媒體朋友，能扮演起社會中流砥柱的角色，把大好事傳播開來，讓好願在這個社會不斷不斷地發酵，共同為我們的社會轉好運。這個活動，在各種媒體的支持之下，包括時段與版面的免費提供，於這一個月中，連續密集地播出。至於有沒有效果呢？對政治人物來講，可能效果不大，但是對整個社會是有影響的。

● 一月十七日，星期四

前行政院院長郝柏村先生下午到安和分院來拜訪我，本來他也想上法鼓山看看，但是他與我的時間，不容易湊合一起，最後改在市區的安和分院見了面。

郝柏村將軍念著要來看我已經很久了。最初他是透過我們早期基金會的祕書長戚肩時菩薩得知法鼓山。當時戚菩薩擔任聯勤總司令部福利總署的署長，是一名中將。他退休以後，有人把他介紹給我，我們見了幾次面，覺得他的行政經驗非常豐富，便延請他擔任我們的祕書長。能夠請到一位中將擔任祕書長，感覺上是非常了不起的事，法鼓山最初行政中心的制度，都是在戚祕書長任內建立起來的。

戚祕書長到了我們這個團體以後，有一次，郝柏村將軍跟他問起了法鼓山是個怎樣的團體？戚祕書長便說，我就在法鼓山服務。就這樣，郝柏村先生幾次想來看我，結果雙方都忙，並沒有碰上面。戚祕書長去年害病往生了，他也是害腎臟病的，洗腎兩年多後往生，這條線也就斷了。一直到去年底，郝將軍的少爺，即台北市長郝龍斌先生上法鼓山看我，我和他提起這件事，這條線才又接繫起來。

這次見面，我們並沒有特別談些什麼，而聊起我們同是江蘇同鄉的巧合，他是鹽城人，我是南通人。他對佛教也有興趣，認為佛教很好，但還沒有想到要成為佛教徒。

● 一月十九日，星期六

中午，在法鼓山上辦了一場餐敘，邀請的貴賓，都是早期護持文化館的信眾。去年年底是東初老人百歲冥誕，除有佛教學院辦了一場「東初老人圓寂三十週年紀念暨台灣佛教環島推廣影印《大藏經》五十載紀念文獻展」，同時我們也在去年底辦了「大悲心水陸法會」，感念東初老人的法乳之恩。

我們請到的貴賓，包括比丘尼協進會理事長明宗長老尼、士林報恩寺普瑛長老尼、鳳山佛教蓮社住持慧嚴法師、文化館現任住持鑑心長老尼，以及楊亭雲將軍、王士祥居士、張尚德教授、方甯書教授、李志夫教授、鄧清泰菩薩、倪美美菩薩、黃玲雅菩薩等一行二十餘人。我和文化館早期的信眾互動不多，特別是老和尚的關

聖嚴法師邀請文化館早期信眾至法鼓山餐敘，感謝他們自東初老人時代至今，一路走來始終不變的護持。

係人，他們也很少來看我，即使在法鼓山建設過程中，我也不敢打攪他們。直至法鼓山落成以後，我才請他們上法鼓山看看，一方面紀念老和尚的百歲誕辰，一方面讓他們感受到，老和尚的第二代並沒有忘記他們。

●一月二十一日，星期一

二十一日起至二十四日，我回台大醫院進行定期回診。這次入院前，在我臉上出現一個小血瘤，已生成一段時間，並沒有擴大，只是每次洗臉，一不小心就會搓破流血。我原來以為沒有什麼大礙，就是個血瘤，在皮膚科紀秀華醫師為我做了切片檢查以後，發現是惡性腫瘤，必須動手術。

而這次手術，也不只是把小腫瘤切除那樣單純，因為擔心可能切除之後仍有癌細胞殘留，或者癌細胞已在皮下組織蔓延，所以醫師在我臉上劃開一小口，約二公分。所幸開刀以後，並沒有發現癌細胞蔓延的情形。腫瘤切除之後，必須在傷口處貼上人工皮與美容膠，兩種輪流使用，如此歷時兩個多月。

這次回診，也做了膀胱鏡檢查，由常欽比丘為我捐紅血球、常持比丘捐血小板。

●一月二十七日，星期日

上午在農禪寺舉行祈福皈依大典，共有一千三百多人皈依，由方丈和尚代我授三皈五戒，之後我也講了開示。

一月二十九日，星期二

上午我在雲來寺，同步透過視訊對專職、僧團及各地悅眾菩薩舉行精神講話，主題是「法鼓山的文化財」，強調法鼓山的文化財是非常珍貴的。為什麼我要講這個題目呢？因為我的少數弟子，並不懂得珍惜東初老人和我在台灣所留下的貢獻，比如東初老人創建文化館和農禪寺，還有我接下文化館法務以後，在文化

在法鼓山服務的專職、義工們，對於每次聖嚴法師的精神講話，無不滿心期待。法師的開示，幫助大家更能掌握法鼓山的理念，上班也更有精神。

館、農禪寺及現在的法鼓山所做的貢獻。在目前來講，我們做的是社會服務，將來則是歷史的文化財。

前人能夠留下的文化財，不是房子，而是他們的思想與事蹟，以及他們在當時及對歷史的貢獻，那才是真正的文化財。但是在我們這個團體，能有這種認知、共識的人並不多。每個人的自我中心都很強，只要給他們一分權，他們就會發揮自我，以自我中心來表達，以自我中心來做事，而對於前人的貢獻，或者前人建立的觀念和體制，並不重視。這是很危險的。因此，往往有一百個徒眾，就會有一百個門派，能夠延續正統者是很少的。這是事實。歷史上許多的宗派，都是從自己的性格、自我的思想發揮而成立門派，但至少他們會承接上一代的貢獻，繼續往下走。如果忘失，或者不承認上一代的傳承，這種人便是數典忘祖。而這種人有沒有呢？有的。

我講這個主題，是希望大家要能珍惜法鼓山的文化財，也珍惜我們這個民族的文化財。不要老是想到自我非常偉大，追求自我表現、自我宣傳，結果和傳承脫節。

傳承之後要創新。只知道彰顯自我，並不是創新。彰顯自我，在英文來講是「Show-off」，中文叫作「愛現」。彰顯自我並不是創新，創新一定是來自傳承，傳承以後才有創新。

因此，雖然我和我師父相處的時間很少，他給我的教誨也不多，但是我這一生談起任何事，源頭都是追溯我的師父。法鼓山的源頭是我的師父，農禪寺的源頭是我的師父，現在我辦教育的源頭是我的師父，我所從事的文化與慈善等工作，源頭還是我的師父；東初老人是我的源頭，這是傳承。但我是否就是做著我師父的工作呢？不是，我是接續我師父的傳承，而做創新。

精神講話之後，我在雲來寺會見了專程來訪的前行政院院長蘇貞昌先生，同行的有院長夫人詹秀齡女士及母親蘇清蓮老夫人。蘇院長早期擔任過屏東縣長、台北縣長，後來是總統府的祕書長，也當過行政院院長。從閣揆位置下來之後，又當了民進黨黨主席。他有一本傳記叫做《衝衝衝蘇貞昌》，由一位媒體工作者為他執筆。在他擔任行政院長任期內，曾有一位企業總裁同我談起，他預見未來民進黨的最高領袖，就是「衝衝衝」，因為他的氣勢很強，在府院及黨團都歷任過重責。而這個時候，他已是無事一身輕。我很感謝他擔任台北縣縣長期間，給予法鼓山的照顧。他的老太太一直想要皈依，上午也就一起來看我。

午後我在中正精舍錄製了《大法鼓》節目，製作人是趙大深先生及戴玉琴女士。這個節目長期在華視頻道播出，每週播出一次，趙大深義務製作這個節目，華視則免費提供播出時段。

《大法鼓》這個節目，最早是由陳月卿女士主持，她來訪問，我做回答。但是這幾年來我害了病，無法再於每週提供一集節目，因此節目換了型態，改由戴玉琴菩薩於幕後提問，我來回答。如此，同一個主題經常帶出若干子題，便可播上好幾次。

在我完成節目錄影之後，則有好幾個用處。除了在華視播出，也授權給其他電視台播出。此外，我們的法鼓文化也製作成DVD做為保存及銷售。這個節目很叫座，十幾年來，華視始終沒有把這個節目停掉，我們也珍惜這樣的因緣，雖然我的身體不好，還是抽出時間配合錄影。

我也感恩陳月卿女士的義務奉獻。她過去是一位新聞主播，台風很好，這個節目能夠成功，她有一半的貢獻。我記得《大法鼓》剛開播時，新的文化館也才落成，即在文化館客廳拍攝。

法鼓文化也要感謝這個節目，我們因《大法鼓》而集結出版的書目不少。另外，在美國也可以看到《大法鼓》，節目播出時配上英文字幕，接引了許多人成為佛教徒。這個節目很有人緣，也做了不少功德。

●一月三十日，星期三

台新金控董事長吳東亮先生與夫人彭雪芬女士，午後到中正精舍來拜訪我，法緣會的方台華菩薩及榮譽董事會會長劉偉剛菩薩一起陪同。吳東亮先生是新光集團創辦人吳火獅的三公子，曾經擔任立法委員，在金融界相當有實力。他們夫婦主要是來皈依三寶，彭雪芬女士在皈依的當下很受感動，眼角泛淚。

一月三十一日，星期四

中午在法鼓山上舉辦了歲末圍爐，下午則在開山紀念館，舉行全體僧眾辭歲禮祖儀式。這兩場活動，我都到場做了開示。我勉勵大眾當檢討一年來自己的道心是否成長？是否協助團體更加往前？是否對社會做出貢獻？我也希望人人都能懷有一份使命感，這在出家人尤為重要，為大眾奉獻，即是出家人的使命。

聖嚴法師在開山紀念館，為辭歲禮祖的僧眾開示，提醒眾人莫忘自己「上求佛道，下化眾生」的使命。

二月二日，星期六

民視《台灣演義》節目製作團隊，上午到法鼓山為我進行專

訪，由主持人胡婉玲女士提問，從我的童年、我的雙親，說到赴日留學、美國弘法，甚至於對我的健康及願心等都一一細究，等於為我拍攝了一生的傳記。

●二月三日，星期日

總統府祕書長葉菊蘭女士偕妹妹葉秀蘭及友人一行，午後到中正精舍來拜訪我，葉祕書長是社會菁英禪修營學員，她的妹妹與友人近期也皈依了三寶，不久前也參加「大悲心水陸法會」，很受感動。

●二月五日，星期二

中午我在安和分院見了作家「輪椅天使」余秀芷菩薩及其家人，這是由《點燈》節目製作人張光斗菩薩安排的會面，也是一次節目錄影。過去我在這個節目中，見到我生命中的貴人沈家楨居士，這次我則成為秀芷生命中的點燈人了。

●二月六日，星期三，除夕

除夕夜晚間十時起，我們在法鼓山上的法華鐘樓舉辦「好願在人間」除夕撞鐘祈福活動，現場到的有國民黨正副總統候選人馬英九及蕭萬長先生、民進黨總統候選人謝長廷先生，以及總統府祕書長葉菊蘭女士、台北縣縣長周錫瑋夫婦、台新金控董事長吳東亮先生、琉園負責人王俠軍菩薩及雲門總監林懷民菩薩等嘉賓。我於晚間十一時到了法華鐘樓現場，與貴賓一起撞響辭歲的法華鐘聲。這項活動也透過網路做了同步轉播。

這個活動有個插曲，馬英九先生手上緊握的繩索，因為施力過度而扯斷了。其實當時扯斷繩索

在「好願在人間」除夕撞鐘祈福的活動中，聖嚴法師與多位貴賓一起撞鐘祈福，並為大家開示與祝福。

的貴賓不只他一人，但是媒體的聚光燈全落在他身上，還傳出扯斷繩索是不吉利的預兆。但是馬英九先生他自己說，繩索扯斷，代表終止過去一年所有不祥之氣，之後將有好運來。其實這就是個意外，是我們的疏失，在繩索施力的設計上不夠周全。從另外一個角度來看，撞鐘主力，應當都在僧團法師身上，貴賓們只要做出撞鐘的樣子即可，並不需要特別施力。不過由此可見，參與的貴賓是非常投入的。

● 二月十七日，星期日

陳水扁總統由總統府第三局涂其梅局長陪同，上午到農禪寺來拜訪我，參觀了正在舉辦的「遊心禪悅」書法展。他在書法展會場對其中一副對子端詳許久，我想大概總統對這副對子心有所感，便請總統攜回。這副對子的上下句是：「放下萬緣時，眾生一肩挑。」後來，陳總統從友人方振淵菩薩得知，這場書法展是為法鼓大學募款，因此也主動參與護持。

陳水扁總統在八年總統任期內，兩次就任前都來看過我，或在任期中遇到一些是是非非，也會來拜訪我。這八年內，他來看過我四次，我教他打坐，和他談佛法，也勉勵他修行的方法。他很少提問，就是靜靜地聽我講佛法。

下午五時，社會菁英禪修營共修會在農禪寺大殿舉行，我依例講了開示。這次講的主題是「好願在人間」，同時以胡適之先生早年在歐洲圖書館發現的神會禪師語錄殘卷中的幾句話，來說明中國漢傳佛教的精華。

二月十九日，星期二

今天我在法鼓山上的海會廳，與「水陸儀軌研修小組」的人員，舉行了一場會議。這場會議非常重要，是水陸儀軌第三次大規模的修正改進，是歷史上的轉捩點，也可以說是一項創新。

水陸儀軌自明末蓮池大師修正之後，又經過四、五百年的時間，許多內容已不符合現代的文化環境，實在有修訂的必要。但修訂必須以漢文化為基礎，同時要兼顧新時代的背景；以當前社會來說，就是環保和科技。但科技不是照單全收，要與信仰緊密結合，而環保則必須從心靈開始。至於儒、道思想，不適合全部拿掉，還是要視情形來修正。至於完成之後的新版，一定要先取得台灣、大陸教界長老法師們的認同，以便讓大家都能使用。

最後要提出的，因為目前我們山上男眾少、女眾多，未來的佛教趨勢可能都是如此，因此女眾是否也能成為金剛上師？或許是值得提出來討論的。

● 二月二十一日，星期四

澳洲雪梨分會召集人莫靄瑜菩薩等一行，下午到安和分院來拜訪我。澳洲的雪梨分會現在成立了一個翻譯小組，把我的中文著作譯成英文，如《戒律學綱要》，以及我與李連杰菩薩的對談等，都出了英譯版。他們也告訴我，《正信的佛教》英譯本出版以後，在澳洲引起不錯的迴響，有人認為讀這本書，就像親自感受到作者對於讀者的娓娓解說，非常親切，而且內容讓人耳目一新，使人對佛教有全新的印象。對此，我要感謝中華佛學研究所校友顧立德菩薩，他是美籍人士，為這本書擔任英譯的工作，這本書能夠問世，他的功勞不可抹滅。

● 二月二十三日，星期六

由《聯合報》策畫，邀請我與天主教單國璽樞機主教的一場對談，主題為「真正的自由：生命尊嚴及價值」，上午在安和分院大殿舉行，由《聯合報》資深記者梁玉芳、王瑞伶及何定照三位小姐聯合採訪。《聯合報》把這次的對話內容，安排於總統大選之後採全版刊登，這是他們想到在紛擾的大選之後，我與樞機主教的對話，大概能給社會帶來一些安定的作用。

二月二十五日，星期一

二十五日起至三月四日，到台大醫院定期回診。這次共住院八天，做了膀胱鏡檢查，發現膀胱長了兩個小息肉，確認是癌細胞組織，動了切除手術。同時因我的造血功能差，血小板太低，也做了骨髓穿刺。這是我第四度做骨髓穿刺，結果並沒有發現什麼。做了骨髓穿刺以後，醫生為我加了兩種藥，作用都是維持骨髓的持續生長。我的血小板一向偏低，造血功能也差，通常有此症狀者，大抵是患了骨癌或者血癌。我做的骨髓穿刺，並沒有發現病變徵狀。

聖嚴法師與天主教單國璽樞機主教在對談時，對於生命的意義與如何面對生死等問題，皆提出了令人深思的智慧之語。

●三月十一日，星期二

太子建設董事長莊南田菩薩，上午偕高逸工程董事長高樹榮先生及文化大學教授李復甸先生到安和分院向我拜會。他們三人都是華梵大學的董事，也關心未來法鼓大學的興學，特別來此與我交換意見。

午後，中國文藝協會理事長愚溪先生偕普音文化發行人楊枝梅女士及總編輯戴筱琴女士，到安和分院拜訪我。中國文藝協會推薦我為第四十九屆中國文藝協會榮譽獎章「文化貢獻獎」得主，由愚溪理事長親自拜會，希望我接受這個獎，使我受寵若驚。

我雖然從不曾參與文藝協會的活動，但是該協會成立近五十年來，每年的文藝獎章得主，都是文藝界非常傑出且有貢獻的重要人士。今年他們主動提名我為年度榮譽文化貢獻獎的得主，真是我的榮幸。文化界的活動，不論我去沾別人的光，或者我有機會讓人沾光，都是好事。我雖不是文藝界人士，但是我的著作，大概對文化有一些貢獻，因此歷年來，從政府及民間團體都給了我獎勵，比如行政院文化貢獻獎及總統文化獎，都為我平凡的一生，增添幾許榮光。

●三月十六日，星期日

政治大學鄭石岩教授夫婦與台大醫院廖朝崧醫師夫婦，上午由護法總會副總會長黃楚琪菩薩陪同，到法鼓山來看我。這是鄭教授二度專程來看我，這次他帶來為法鼓山寫的十五首禮讚詩，寫得意境非常好，他也當場念讀了幾首，真使我驚喜。這十五首詩，我們也徵得鄭教授同意，在《法鼓》雜誌刊載。

三月二十五日，星期二

知名漫畫家蔡志忠先生，上午陪同上海一家企業總裁梁先生到安和分院拜訪我。梁先生曾於去年參訪法鼓山，對法鼓山印象很好，尤其對心靈環保的理念，非常認同。

三月二十七日，星期四

二十七日起至三十日，第三十屆社會菁英禪修營在法鼓山禪堂舉行，這是我們最後一次辦菁英禪修營，也是我最後一次親自主持，往後活動將會改換另一種形式推出。

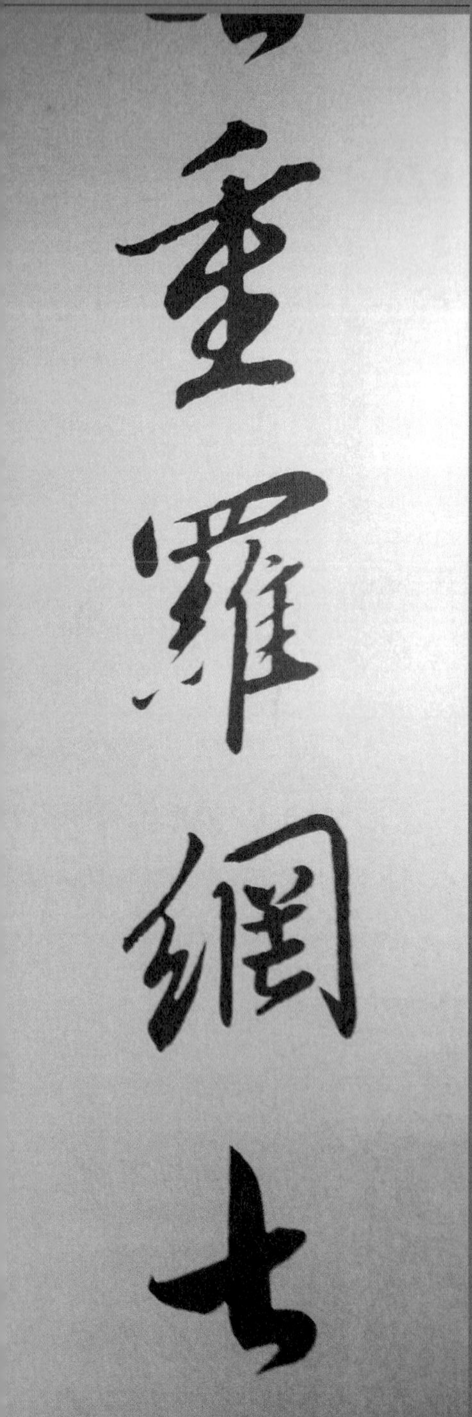

十三

啟動心六倫

二〇〇八年四月至七月六日記事

國名為極樂
八功德水充
金沙布地

●四月一日，星期二

新書《覺情書》由法鼓文化出版，這本書也是從《大法鼓》的節目集結而成，之前已有《找回自己》、《從心溝通》及《真正的快樂》等數冊，也都是從《大法鼓》的節目內容，一則一則整理出來。

前彰化縣長，也是前中央選舉委員會的主任委員黃石城先生，下午到安和分院來拜訪我，與我談起教育、人品提昇及環境保護等議題。黃前主委是我多年的舊識，早期我到彰化演講，時任彰化縣長的他，必定到場來看我，即使日後當了選委會主委而遇我有彰化之行，還是會來見我一面。現在他已辭去中央選委會主委，全心投入公益事業，我邀請他協助我們推廣「心六倫」及「防治自殺」運動，獲他應允，目前已是法鼓山人文社會基金會顧問。

●四月三日，星期四

前行政院院長謝長廷先生上午偕葉菊蘭女士及李應元先生，到中正精舍來拜訪我，我以心靈環保的一席話贈勉謝先生。心靈環保即是佛法的精髓，可分成信仰、理解與實踐的三種層次，最終則是要超越自我中心，如《金剛經》中所講：「應無所住而生其心。」

我講這一席話，謝長廷先生聽得很用心，也問了我一些問題，葉菊蘭菩薩則是當場落淚，李應元先生則勤作筆記，這都讓我印象深刻。

下午在中正精舍，見了早期西方弟子保羅．甘迺迪（Paul Kennedy）。保羅．甘迺迪是我在一九七五年底赴美以後，第一批跟著我修行的弟子之一，也是我在美國期間，在我座下披剃出家的第一人，法號果忍，後來他還俗了。果忍來看我，是因他在美國知悉我害了病，特別到台灣來看我。

● 四月五日，星期六

過去為我及農禪寺住眾擔任醫療顧問的陳啟茂醫師，上午偕夫人及友人一行上法鼓山來看我，我當場為他們夫婦見證皈依，這也是我的報恩。

陳醫師在多年前的一場車禍之後，身心皆受影響，近年來，更經常感到身旁有些異常的訊息與音聲在干擾著他，全家人為此憂心不已。其實有這種現象是正常的，在身心極度疲累的狀況下，如果不能適時調解放鬆，難免會心生害怕恐懼，身心也就無法安寧，接著就可能產生幻聽、幻覺等現象，甚至出現夢魘。在這種情況下，最好是多休息，自己不要緊張，也不必恐慌，而要練習著把身心放鬆，情況就會漸漸轉好。

但是，我也要讚歎陳醫師，儘管這些年他有病在身，身心不太安穩，但仍是不減學佛的信心，這是非常堅定的三寶弟子才能做到的事。他們夫婦來看我，我想我能做的事，除了為他們祝福以外，就是為他們主持見證皈依，也是滿他們的一個願。過去他們夫婦倆曾在元亨寺的菩妙長老座下皈依，現在是再次皈依，這也沒有關係，主要是我對他們夫婦倆的祝福，也是我的報恩。現在他的診所已經停業，安心養病，我也勉勵他，學佛修行不能中斷。

四月八日，星期二

法鼓佛教學院上午在法鼓山國際會議廳舉行週年校慶，同時與台灣科技大學締結姊妹校。這場簽約儀式，由我及法鼓佛教學院校長惠敏法師共同為代表，與台

聖嚴法師參加法鼓佛教學院週年校慶，並且對於法鼓佛教學院與台灣科技大學締結姊妹校，增進學術交流，樂觀其成。

科大陳希舜校長共同締約。

四月二十日，星期日

農禪寺上午舉行一場祈福皈依大典，有一千三百餘人參加。在皈依典禮中，有個外道團體蓄意鬧場，干擾儀式進行。其實這並不是首例。農禪寺近半年來，經常受到一個外道團體干擾，例如在我們辦法會活動時，他們會有一群人，摻雜於共修菩薩之中，破壞活動進行，甚且侵擾住眾的生活空間，蓄意破壞道場。後來經過我們謹慎處理，就把這件事給化解了。

四月二十二日，星期二

上午我在雲來寺大殿，同步透過視訊，為專職、僧眾及各地護法悅眾舉行精神講話，介紹了「因緣」、「所緣緣」、「等無間緣」及「增上緣」等四種緣。

精神講話以後，我在雲來寺見了專程過來的前行政院院長蘇貞昌先生，他的夫人也一同前來。在農曆年前，蘇前院長已來看我一趟，當時他的老太太及夫人也都來了。因為我們在那次談話之中，我向蘇院長提起政治人物當有誠信，頗獲他的認同，當時我也對他說，我會寫一幅「誠信」送他。由於他收到我的書法，特別來向我致意。

蘇貞昌先生在農曆年前返南部家中過年，因此無法出席除夕夜我們在法鼓山上舉行的撞鐘祈福活動。不過我在除夕夜的一席談話，他很快即從網路上瀏覽，尤其對我講的「說好話、做好事、轉好運」，他說很受用，非常認同。

午後返回中正精舍，開始口述《美好的晚年》一書，記述我於二〇〇五年八月底害病以來的晚年生活。

● 四月二十三日，星期三

法行會晚間假台北市豪景飯店舉辦定期悅眾會議，並且進行新任會長改選，我與方丈和尚都到場出席。法行會新選出的會長是張昌邦菩薩，他是財經背景，過去在蕭萬長菩薩擔任會長期間，即從旁佐助，擔任副會長的工作。蕭萬長菩薩即將就職，成為國家的副元首，因此辭去法行會會長一職，但他仍將是法鼓山的義工，繼續協助我們推動「心靈環保」理念及「心六倫」運動。

法行會素來有法鼓山「智庫」的稱喻，可是，智庫僅只是法行會功能之一，法行會應該能朝全方位發展，支持法鼓山辦的各項活動，確實負起法鼓山理念及活動的支持者與推動者，這是我對法行會的勉勵。

社會菁英禪修營自開辦以來，參加的學員都很受用，也很肯定我們辦這樣的活動，因為禪修對於身心的安定，幫助很大。未來我希望法行會的定期聚會，能夠增加一些佛法法義的進修課程。

四月二十七日，星期日

再生緣生物科技公司的總裁謝忠弼先生，偕何美慶夫婦及書法家林隆達夫婦，由專案祕書廖今榕菩薩陪同，上午到法鼓山來拜訪我。林隆達菩薩曾為我的書法展擔任評鑑，也替法鼓山寫了一些字，而他是謝總裁的書法老師，因此相偕來看我。

五月四日，星期日

中國文藝協會九十七年第四十九屆文藝節慶祝大會文藝獎章頒獎典禮，下午在三軍軍官俱樂部舉行，我受文藝協會理事長愚溪先生推薦，忝列為本屆榮譽文藝獎的得主之一，獲頒「文化貢獻獎」，由準總統馬英九先生親自頒獎，同時我也代表得獎者致詞。前教育部長郭為藩先生、前文建會主委申學庸先生及詩人鍾鼎文先生等藝文界名人，都出席了這場盛會。

● 聖嚴法師榮獲中國文藝協會的「文化貢獻獎」，由總統馬英九親自頒獎。法師不但著作等身，作品更對佛教教育、社會文化與世界和平影響深遠。

● 五月十日，星期六

上午我到光啟社拍攝第一階段的「心六倫」公益短片，與我共同拍攝的有：「族群倫理」代言人蕭萬長先生，以及「職場倫理」代言人亞都麗緻總裁嚴長壽先生。為這一系列公益廣告執行拍攝的是導演王念慈菩薩。王念慈菩薩是天主教徒，她與榮譽董事會會長劉偉剛菩薩是熟識，劉偉剛菩薩便把她介紹給我們，從二〇〇一年的《大好年》公益廣告開始合作，往後我們需要拍攝公益廣告，多是邀請王念慈菩薩幫忙。

去年，我們舉辦了「關懷生命獎」，同時推出《防治自殺》公益短片，成效非常好，我也非常感謝媒體給了全力支持，從電子媒體到平面媒體，都是免費提供時段和版面來配合我們的宣導，成果可說是非常成功的。而今年是「心六倫」的啟動年，我們也想要拍攝公益短片，特別邀請到政治界、演藝界及工商界等六位名人，擔任「心六倫」運動的義務代言人，呼籲我們的社會重建這個時代需要的倫理新價值。這六位代言人，除了今天與我共同拍攝的準副元首蕭萬長先生以及嚴長壽總裁；後續還有影星林青霞女士、功夫皇帝李連杰先生、知名主持人張小燕女士，以及知名歌手蔡依林小姐，也將與我一同拍攝「心六倫」公益短片。

五月十一日，星期日

今天是母親節，也是佛誕節，在法鼓山上及各地分院都辦了慶

聖嚴法師親自到國父紀念館，關懷「好願祈福感恩會」活動的義工菩薩們，大家看到法師到場，都紛紛歡喜合十迎接。

祝活動。台北安和分院則與法緣會共同策畫，連續第二年在國父紀念館辦了「好願祈福感恩會」活動，下午我到了國父紀念館會場關懷大家，這個活動辦得很成功。

同時，上午我在雲來寺見了專程來訪的建國科技大學董事長吳聯星先生等人，同行有我們的一位資深悅眾，即彰化縣政府的社會局局長陳治明菩薩。我向吳董事長介紹了法鼓山三大教育及興建中的法鼓大學，也為同行來訪的十餘位菩薩見證皈依三寶。

● 五月十二日，星期一

準副總統蕭萬長先生，上午偕友人合森企業董事長戴一義夫婦、聯一綜合投資董事長林新一先生，以及新加坡中策集團董事長黃鴻年先生等人，到中正精舍來向我拜會。我同他們分享了法鼓山的理念，也介紹了興建中的法鼓大學。

午後，中國大陸四川省的汶川縣，發生了芮氏規模七點八的大地震，我們在第二天立即成立救災指揮中心，由於此刻方丈和尚正前往美國巡迴關懷，便由我親自指揮，召回正在新加坡弘法的副住持果品法師，負責前往四川賑災。這次大地震造成的災情非常慘重，死傷及失蹤人數逾十萬人，在我們成立救災指揮中心後不久，即獲得中國政府同意，讓法鼓山、慈濟功德會及紅十字會這三個團體前往災區進行救援，這個消息也透過媒體的報導，並由媒體主動刊出包括法鼓山在內的三個救援組織的捐款帳戶，因此我們收到的民眾愛心捐款，相當踴躍。

五月十五日，星期四

行政院陸委會主委賴幸媛菩薩，上午到中正精舍來拜訪我，她是主動來探望我，叫我一聲師父，是我的禪修弟子。她最早在農禪寺和我打禪七，之後赴英國留學，也參加了我在威爾斯主持的兩次禪修，但是自此以後不見蹤影，直到這天她來看我，我才知道原來我有這麼一名弟子。

賴幸媛菩薩在英國完成學業，返回台灣以後，先是在國安會服務，後受李前總統登輝先生推薦，擔任台聯黨的不分區立委，接著在陳水扁總統時期也受到重用。其實，她與李前總統及陳總統並沒有特別淵源，是因才華受到賞識，而被延攬重用。她本身具有財經背景，並沒有政黨色彩，現在也受到新政府的重用。

我勉勵她，既然學了禪修，就要把禪法融於工作之中，把握因緣，及時奉獻。在工作上，要調整自己來適應工作，而非讓工作來適應自己。遇到問題時，則用「四它」來處理。後來，我也寫了一副對子送給她，上下句為：「中規中矩慈悲心，適才適所和為貴。」

五月十七日，星期六

汶川大地震災後第六天，正值周末，我們在農禪寺舉辦了三時繫念法會，為受災民眾祈福。此外，由中國電視公司、中天電視台與紅十字會合作的《把愛傳出去》募款晚會，訂於十八日晚間現場直播，媒體也於下午到農禪寺來採訪我，要我為受災民眾講幾句勉勵的話。我提出了三點呼籲：第一，儘管物資缺乏，交通中斷，受災民眾仍要自立自強，等待救援；第二，要保護自己，避免生病受傷，及避免空氣與水源的污染；第三，珍惜生命，只要還有一口呼吸在，就有無限的

面對汶川大地震，聖嚴法師除了指示立即啟動救災外，更在農禪寺舉辦超度法會，並提出了三階段的救援工作。

希望。同時，也說明法鼓山針對汶川大地震，將進行災後三階段的救援工作：第一階段，發放民生物資；第二階段，協助災區重建、認養孤兒；第三階段，則是安定心靈的重建工程。其實，稍早發生的緬甸風災（五月二日），法鼓山也派了救援小組前往賑災。

我已是個年邁的老人，一個老人流淚是很正常的，尤其值此世紀浩劫，死傷無數，我的情緒不免激動。雖然在我幼年時期曾經歷長江大水患，見無數死屍漂流江上，而九二一大地震發生的那年，我也到了災難現場，給予災民關懷，但是看到這次汶川如此慘重的災情，我的心裡還是非常難過，就在受訪時，不禁哽咽而落下淚來，這大概也把電視機前的觀眾給嚇到了吧！有人為此來關心問我：「師父怎麼了？為什麼掉淚？」我是因為感觸而落淚。

● 五月十八日，星期日

傍晚在農禪寺，我為社會菁英禪修營共修會講了開示。社會菁英禪修營共修會的成員，有一部分也是法行會會員。過去法行會的例會都在飯店舉行，我在這次開示中，期許大家把例會改至農禪寺舉行。

稍晚，我也在農禪寺見了美樂家台灣分公司總經理劉樹崇夫婦等一行，我鼓勵他們參與法鼓山修行。

●五月二十日，星期二

上午前往台北小巨蛋，出席中華民國第十二屆正副總統就職典禮，這是我的光榮。出席這場典禮的宗教界人士，除我以外，尚有佛光山的星雲法師及天主教的單國璽樞機主教。

●五月二十二日，星期四

國民黨中央評議會主席葉金鳳女士，上午到雲來寺拜訪我，主要是問候我的健康。過去她擔任法務部長期間，我們曾經見過面，在中視《不一樣的聲音》節目中有過一次對談。

●五月二十五日，星期日

二十四、二十五兩日，由聖嚴教育基金會主辦的「第二屆聖嚴思想國際學術研討會」，在台灣大學集思國際會議廳舉行，共有來自美國、歐洲及台灣等四十五位佛教學者參加，十二位中外學者發表論文。我於二十五日傍晚出席閉幕式，也做了致詞。聖嚴教育基金會雖然成立時間不長，但是活動力很強，做得非常踏實。

● 五月二十七日，星期二

出席聖嚴思想國際學術研討會的學者，包括哥倫比亞大學教授于君方女士、田納西大學的羅梅如（Miriam Levering）教授、波士頓大學的雷爾蔓（Linda Learman）教授等，上午到中正精舍向我拜會。雷爾蔓教授對法鼓山舉辦的佛化婚禮相當感興趣，已經寫成論文。于君方教授則認為，從居士佛教的角度來探討法鼓山水陸法會、佛化聯合奠祭及佛化聯合婚禮等儀式，也是探究我的思想的一種面向。這些都很值得去做，於我也是意外的驚喜。

● 五月三十一日，星期六

上午我在台北中正紀念堂一樓演講廳，出席了兩場活動，其一是接受美國設計與流程科學協會（SDPS）為我頒發的二〇〇八年「李國鼎傑出經濟社會制度設計獎」，由台灣李國鼎數位知識促進會理事長王昭明先生擔任頒獎人；另一則是由我與美籍太空人艾德格．米契爾（Edgar Dean Mitchell）博士進行一場靈性的對談。

「李國鼎傑出經濟社會制度設計獎」成立以來，以往的受獎者，都是在經濟領域有卓越貢獻的人士，今年打破先例，首度頒贈給非經濟領域人士，原因是他們認為我所推動的「心靈環保」理念及「心六倫」運動，對於全球的社會制度及人文領域產生了一些貢獻。

我與太空人米契爾博士舉行的對談，則是我首次與太空科技人

聖嚴法師與史上第六位登陸月球的美國太空人艾德格．米契爾博士，分別就佛學與科學的不同角度，交流生命的智慧火花。

士對話的新嘗試，由國際設計與流程科學學會的葉祖堯教授，擔任座談會主持人，從「宇宙的震撼」、「心識的奧祕」及「覺性是未來世界的黎明」三個議題，由我與米契爾博士交互分享個人的體會與認知。

這次對談的緣起，是由我們的一位信眾傅佩芳教授倡議，經由葉祖堯教授居中聯繫，他也是亞洲大學的講座教授。米契爾博士是「國際太空人探險協會」的創始人之一，他在一次太空旅行經驗中，產生一種神祕的經驗，從此對精神領域產生興趣，深入探究。同時，他也把太空旅行的經驗，製成一支錄影帶，巡迴亞洲各城市播放，台北是他巡迴亞洲的城市之一，也藉著他訪問台北的行程，安排了這場對談。

● 六月一日，星期日

我們針對汶川大地震發生之後，如何給予災民有效的救援協助，以及災後最重要的心靈重建工程，下午在台泥大樓的士敏廳舉辦了一場「安心、安身、安家、安業．重建希望」座談會，由我與副總統蕭萬長先生、台積電文教基金會董事張淑芬女士，以及知名影星李連杰先生擔任座談會主談人，探討「安心、安身、安家、安業」四安工作的具體落實，知名主播葉樹姍菩薩擔任了這場座談會的主持人。

●六月三日，星期二

上午在光啟社進行「心六倫」公益廣告第二階段的拍攝，這次邀請到的代言人有：「自然倫理」李連杰先生、「家庭倫理」張小燕女士、「生活倫理」林青霞女士，以及「校園倫理」蔡依林小姐。林青霞女士為了這次的公益廣告特別治裝，由此可見，她非常重視這個活動。

下午我在中正精舍，見了物理學家吳忠超教授偕夫人杜欣欣女士。吳教授是知名物理學家史蒂芬・霍金（Stephen William Hawking）博士的學生，目前執教於浙江工業大學，不久前才在我們的法鼓佛教學院進行了一場「大師講座」專題演講。他的夫人杜欣欣女士則與文化中心的胡嵐陵導演是昔日留美同窗。胡導演到了法鼓山任職以後，寄了我的幾本書給她，經此接引他們夫婦倆認識了我。

●六月五日，星期四

馬偕醫院婦產科吳輝明醫師上午偕家人到農禪寺拜訪我，向我表達謝意，也護持了遊心禪悅書法展。吳醫師的老菩薩吳寬老居士於日前往生，由法鼓山的蓮友做了關懷，帶領吳醫師闔家為吳老居士助念，他們全家人在莊嚴的佛事中深受感動，特別來向我致意。

下午於農禪寺簡介館，召集了僧團的相關禪修執事，以及馬來西亞繼程法師等三十多位僧眾，以「法鼓山的禪風」為題，指示法鼓山禪風是弘傳漢傳禪佛教，依照「中華禪法鼓宗」為根本，來帶領禪修、推廣禪法，並以「禪風一致化」為原則，才能達到純粹禪法之不墮，並期禪修在異文化社會的生根推廣。

我也特別強調，法鼓山的禪風，就是話頭禪、默照禪，而前行用的就是數息、念佛，而我的幾本禪法的書，是法鼓山禪風很重要的作品，包括：《牛的印跡》、《聖嚴法師教默照禪》，以及《聖嚴法師教話頭禪》，這三本書是很重要的。

六月七日，星期六

我的兩個英國法子約翰．克魯克（John Crook）博士及賽門．查爾得（Simon Child）醫師，上午偕英國禪學會（Western Chan Fellowship）學員一行十四人上法鼓山來拜見我，英語翻譯李世娟教授同行。

午後在法鼓山四樓會客室，我接受《慧炬》雜誌社專訪，由總編輯陳肇璧與姜秋瑾夫婦親自採訪我，問及我與《慧炬》創辦人周宣德居士過往互動的因緣。慧炬機構是由周宣德居士開創的，之後經過幾位居士接掌，鄭振煌教授也擔任過慧炬的負責人。

六月八日，星期日

在中華佛學研究所已經執教六年的郭瑞與黃繹勳夫婦，即將赴日本深造，上午在法鼓山上向我辭行。他們兩位的專長都是漢傳佛教，語文能力非常好，郭瑞老師的中、英文俱佳，黃繹勳老師則暢曉中、英、日三種語文。

聖嚴法師的英籍法子約翰．克魯克博士與賽門．查爾得醫師都是第一次來法鼓山參訪，除了向法師請法，也感受到了法鼓山園區的環境教育功能。

六月十日，星期二

前海基會董事長辜振甫先生的兩位千金：二女辜懷箴及三女辜懷如，在先生的陪同下，一起到雲來寺來拜訪我。今年三月，辜懷箴菩薩的同修趙元修菩薩的老父親，即石化業的元老趙廷箴老居士於休士頓家中往生，我寫了一封慰問信給予關懷，為此，他們來向我致意。

六月十四日，星期六

行政院農委會主委陳武雄先生偕家人，上午到中正精舍來拜訪我。陳武雄先生過去在農委會服務多年，現在已是農委會主委。他的個性耿直，表達也很直接，我勉勵他，擔任公職，自己的態度要做好調整。

下午，出席由政治大學公共行政與企業管理中心主辦的公共政策論壇，由我與單國璽樞機主教進行一場對談，題目是「人類生命的再生與複製——倫理、宗教與法律探討」，活動地點在政治大學公企中心。像這樣的主題，過去佛教很少談及，而天主教則一向反對墮胎，所以相關的主題他們談過很多。對我來講，這也是個新鮮的主題。

六月十五日，星期日

上午在法鼓山上，台積電董事長張忠謀與張淑芬夫婦，偕英國友人彼特・邦菲（Peter Bonfield）爵士及夫人約瑟芬・邦菲（Josephine Bonfield）女士來山參訪，也向我拜會。張淑芬菩薩到過法鼓山好多次，張忠謀董事長則是首度來訪。這次的四川賑災，台積電也透過法鼓山的管道響應賑災。

● 六月十六日，星期一

十六日起至二十一日，至台大醫院做定期回診，住院六天。這次仍做了膀胱鏡檢查，發現在我膀胱內長了約一公分大小的息肉，疑似腫瘤，做了手術刮除。接著連續三天做了化療，至二十一日出院。

在我出院的前一天下午，頂新國際集團味全公司董事長魏應充及許秀綿夫婦到醫院來看我。我每次入院，鮮少安排會客，這次因魏董事長夫婦即將離台，所以就在醫院見了他們。魏董事長在這次的緬甸風災與汶川震災，都為我們提供救援物資，並且出動物流系統，協助物資運送，給予我們非常多的協助。

● 六月二十四日，星期二

早期的一位美國信眾吳玉如菩薩，下午到中正精舍來看我。她是哈佛大學的語言學博士，在大學時期興趣很廣泛，喜歡唱歌、跳舞，也接觸戲劇，課餘活動很多，但真正用於課業上的心思很少。當時我曾對她講，要先把書讀好，畢業後想玩還來得及，如果博士論文無法完成，不要再來見我。她也很有決心，從此真的不來見我，我反而覺得對不起她了。後來，她真的把博士論文完成了。現在她的工作很穩定，在美國新澤西州大學教授語言學。

在人生中，無論遇到多大的困難，聖嚴法師總是勇於面對，只是為了使佛法讓更多人知道。

六月二十八日，星期六

寶來集團總裁白文正先生偕友人一行，上午到法鼓山來看我。白總裁在事業上遇到挫折，公司被檢調單位搜查，他的痛苦，可能不只是事業受挫而已，心靈上

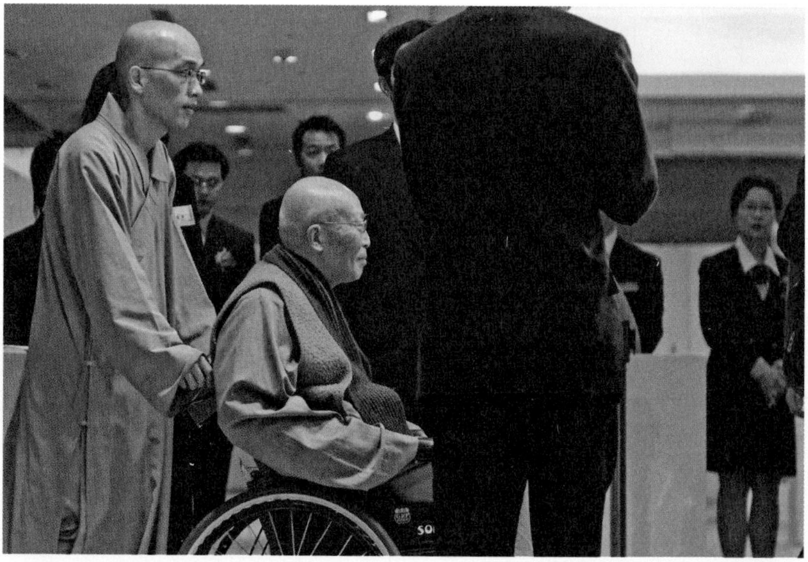

也受到嚴重的衝擊。我勸他遇到挫折的時候，要勇敢面對，本身若有宗教信仰，可以尋求信仰上的支持。他當時很安靜，並沒有再向我提問。沒想到，幾天後就傳出他跳海自殺的不幸消息，很可惜，我沒能幫上他的忙。

● 七月一日，星期二

由我師父東初老人所創辦的《人生》雜誌，到今年八月，就已滿三百期了。《人生》的編輯要我談談對三百期的看法，尤其是去年所出刊的《人生》復刻版的看法。我便把《人生》的創刊、發展歷程說了一遍，可說為《人生》做了一次完整的介紹。

《人生》是我師父創辦的，我有使命為此刊物繼往開來，尤其去年請法鼓文化出版的復刻版，收集了一九四九年創刊到一九六二年停刊期間的舊版《人生》，以及一九六五年創刊至一九七一年停刊的《佛教文化》季刊。

當我從日本留學回來以後，就想要把早期的《人生》復刻，一者做保存；再者，希望推廣，希望佛教界的人都能分享我的師父早期為中國佛教的努力，尤其是承續太虛大師致力於佛教現代化的努力。

由於早期舊版的《人生》散佚各處，只有我留學日本前收集的一整套，存放在中華佛教文化館的東初老人房間裡。這套雜誌如果不在我手上復刻，以後可能就見不到完整的了。因為若是我不在世了，這套《人生》是不是還會有人重視、是不是還有人能夠看到，都是未知數。

另外，我也為將在八月二十一日在美國象岡道場舉辦的「北美發展研討會」錄影開示。今年是我們美國道場創建三十週年，早在今年五月時，已經在東初禪寺舉行過慶祝紀念活動，並且發起了募款運動。而因為種種的變化，以及法鼓山在北美的成長，所以現在八月又準備要擴大舉辦一次年會。我特別回顧了北美佛教發展過程的心得。

這一次的會議是研討會，名稱叫做「北美發展研討會」，一共有三個單位來共同負責：東初禪寺、象岡道場，以及法鼓山佛教會。最中心、最主要的是東初禪寺，因為東初禪寺是我們在北美最早成立的一個據點。

我希望、我也相信，北美的禪修道場還是會非常蓬勃地發展起來。我們團體要年輕化、要國際化、要有西方人參與，不能僅僅是我們中國人。我們是護持者、我們是修行者，希望我們也能夠做為推廣者。

也透過《人生》編輯的報告，知道明年對法鼓山而言是個重要的里程碑，許多單位的週年，包括：法鼓山創立二十週年、中華佛研所建校三十週年、禪坐會三十週年，以及《人生》創刊六十週年，他們也說明將會規畫一本六十週年特刊。我也告訴編輯說，應該要有更大的格局和視野，應該邀請國際的佛教雜誌總編輯一起來座談，為佛教文化開創新的面貌。

● 七月三日，星期四

聖基會董事長施建昌菩薩，上午陪同傅佩芳教授及中華佛學研究所校友周柔含菩薩，到中正精舍來拜訪我。傅佩芳是法鼓山資深信眾，過去她為我們的結緣書費心許多，也做了護持。近年她到四川經商，獲悉我們正在四川賑災，也發心參與其中。周柔含則是中華佛學研究所校友，畢業後到了日本立正大學攻讀博士學位，指導教授即是我的學友三友健容教授。她在去年春天完成博士學位回到台灣，目前是國科會人文學研究中心博士後研究員，即將赴花蓮慈濟大學擔任教職。

● 培養出具有悲願心的與使命感的宗教師，是聖嚴法師創建法鼓山的目的之一。

她是來向我感恩，也報告她的未來去向。

七月六日，星期日

上午在法鼓山上，召集方丈和尚暨僧大院長果東法師、都監果廣法師，以及僧伽大學副院長果光法師、果肇法師等僧伽教育執事法師，針對僧大教育的目標、精神、發展更確立其原則；同時也將佛教教育的發展史做一完整的介紹。

我強調，創建法鼓山的目的，就是為了辦教育，而每一位加入法鼓山的人，都是來受教育、也是來辦教育、護持教育的。而佛教就是教育的宗教，從佛陀開始，他自己就是一個教育家。

我也勉勵弟子們，要有培養人才的悲願心與使命感，所培養的僧才就是要弘傳漢傳佛教，並且一再強調，對佛教命脈要有危機感。儘管教育和培養人才的任務艱辛，卻一定要朝著師父指示的原則實踐，才能使得佛教能夠承先啟後。

下午在法鼓山上見了《聯合報》社長王文杉先生，其母謝家蘭女士一起同行。王社長這次來見我，主動表示要皈依三寶，這使我很意外，也很驚喜。當場我也為他見證了皈依。

十四

最後的口述

二〇〇九年一月十三日口述於台大醫院

我從一月五日入院以來，一直都在醫院裡，前幾天我幾乎都是昏昏沉沉，直到今天才比較清醒。

本來我有個計畫，要把《美好的晚年》這本書完成，但以前幾天的情況，我是一度無法完成的。現在我要交代，《美好的晚年》這本書還是要完成，雖然這個晚年並不怎麼美好，可是這個 ending 還能夠讓我親自在這裡交代，還算是美好的。

這次住院，有段時間我是完全不清楚的，我過世了——也可以這麼講，但是這個斷層應該可以彌補，從我身旁的幾位侍者，還有胡麗桂菩薩也應該很清楚；從她所見的、所記錄的，以及我身邊的四位侍者的補充，應該可以把這段拼湊起來。

因此，我在這裡交代胡麗桂菩薩，還是要把這本書完成，這本書實際上已完成百分之九十，還沒有完成的，在我活著時，還可以再問。

方丈和都監告訴我，這段期間，僧團和信眾都在為我祈福，我非常感謝大家。我也許在除夕撞鐘會上會出現，也許在其他的場合出現，至於今年的新春祝福，也已經錄好了。

這些年來，有三家「何太太」對我們非常護持：分別是台中的何周瑜芬菩薩、台北的何劉連連菩薩，以及何壽川菩薩的夫人張杏如菩薩，她們都對法鼓山非常護持，尤其台中的何太太，二十多年來，不管在教育、文化、環保等方面，護持非常多，我希望能當面再向她感謝。

《美好的晚年》為聖嚴法師殷殷囑咐的重要書籍，讀者從書裡不只能看到法師的晚年生活，更能深入感受到他續佛慧命的大悲願心。

另外，早期佛研所護法理事會理事長楊正菩薩，以及現在的護法總會陳嘉男總會長、黃楚琪副總會長、施建昌菩薩、劉偉剛菩薩等等，也都是護持不遺餘力，還有許多位護法居士，都應該見見他們，感謝他們。

今天早上，方丈和尚已來見過我，我問了他許多事，也交代了幾樣事。僧團現在是由方丈和尚果東法師負責，他講依僧團辦法，每三年就要重新遴選新方丈。我告訴他，僧團以穩定為第一，不能夠由於創辦人的離開而有所動搖。目前來講，僧團男眾少而女眾多，雖然方丈是男眾，還是非常適合。如果方丈經常換人，僧團就不穩定了。僧團的制度應該更精密，讓僧團更穩定才是。請都監果廣法師把握住這一點，僧團及護法大眾也應該同樣護持方丈和尚，就如同創辦人在世時一樣。

僧團的領導階層一定要穩固，這是我的遺命，這點非常重要，請大家一定要堅持。

最後，我要講法鼓山的法統。我這一生都是住持正法、弘揚正法，如果有任何人從迷信的起點來建議我，我都是不接受的。一定要回到正法，回到正統的佛法。任何一個凡夫身，最後一定歸於空幻，不可能還留有什麼金剛身、法身，這些都是沒有的。法鼓山這個道場是依正法而存在，依正法而傳承，在我身後，沒有任何一樣東西可以留下。

我講到這裡為止，這本書，請文化中心副都監果賢法師協助胡麗桂菩薩完成它，僧團、法鼓文化要義不容辭支持這本書出版。

附錄

隨師記行

胡麗桂整理

一　宗教家的願心

二〇〇八年七月八日至九月記事

● 七月八日，星期二

師父為法鼓山體系內部專職、僧團法師及護法悅眾舉行的二〇〇八年第三場精神講話，上午在雲來寺舉行，以「心安平安」與「傳薪與創新」為主題，全台各分院道場同步視訊連線。

師父開示，平安，指的是內心的平靜與安穩，但是能以平常心面對外境變化的人不多，「心靈環保」理念的重要性便在於此。當前台灣社會價值觀非常渾沌，全球經濟也不景氣，許多社會問題逐一浮現，自殺案例屢屢傳出。師父希望法鼓山要更努力推廣「心六倫」與「防治自殺」運動。

關於傳薪與創新，師父表示，法鼓山所以定位為世界佛教教育園區，便是朝著教育功能所規畫和建設的現代化宗教建築群。「法鼓山是個教育團體，也是一個創新的團體。」「佛法的基本原則不變，佛法的根本思想不變，在應用及呈現上則是創新的。法鼓山的價值就在創新。」

精神講話結束後，知名歌仔戲演員楊麗花女士來訪，在七樓的會客室，與師父談起了過去楊麗花歌仔戲團為法鼓山舉行的慈善義演，雖是法鼓山的首度嘗試，卻是一演轟動。楊麗花女士有心再為法鼓山義演，問師父建議挑選哪些劇目？師父從題材給了方向，如「目連救母」與「釋迦成道」等，都是佛教題材，又寓有倫理、教孝思想。

下午四時，師父在精舍會見聯電榮譽董事長曹興誠先生與夫人陳如珍女士。在法鼓山啟動的汶川賑災三階段計畫中，得到曹董事長的支持。師父也說明了專案募款的使用規畫，讓曹董事長明瞭。不過，曹董事長一點也不擔心，表示善款既已捐出，一切交由法鼓山處理。

七月十二日，星期六

師父上午在法鼓山上會見了三批訪客。從美國回來的信眾蔡惠寧菩薩、長期贊助中華電子佛典協會（CBETA）的新加坡吳一賢與黃淑玲夫婦，以及在緬甸經商的蔡豐財先生。蔡惠寧菩薩及其同修馬宜昌先生是師父三十年前初抵美國時，最早跟著師父修禪的弟子之一，對東初禪寺的護持同樣不遺餘力。

來自新加坡的吳一賢與黃淑玲夫婦是長年贊助中華電子佛典協會的護持者，此行除了帶來新加坡佛教的發展近況，善於烘培手藝的黃淑玲菩薩也向師父報告她新學一項手藝：做太陽餅。等她把口味調得更精純了，將義賣太陽餅，替新加坡分會募款。

在緬甸經商的蔡豐財菩薩，由姊姊蔡妙珍菩薩陪同拜會師父。今年五月，緬甸遭遇巨大的風災，蔡豐財菩薩與夫人毛紀蘭女士迅速投入法鼓山的賑災工作，捐出淨水設備供災區民眾使用。也因這次賑災因緣，緬甸當地民眾對法鼓山感到相當好奇，也想進一步認識法鼓山及聖嚴師父。為此，返台的蔡菩薩已請購多本師父的英文著作及結緣書，準備翻譯成緬甸文，在當地分享法鼓山的理念。

● 七月十四日，星期一

旅美的大陸行動裝置藝術家張洹先生，以香灰為創作媒介，做了一幅師父肖像創作，上午由夫人胡軍軍女士上法鼓山勘查展示環境，下午則至中正精舍拜會師父。

● 七月十五日，星期二

師父上午在雲來寺錄製了《心六倫》節目訪談，由知名主播葉樹姍女士主持。這次錄影是由法鼓山人文社會基金會策畫，邀請師父談「心六倫」運動，做為各電視台的廣宣應用。

下午師父接受華裔天才少年徐安廬菩薩的越洋電話專訪，為年輕讀者分享一個老和尚走過一生的心路歷程。徐安廬在兩年前以十五歲之齡，完成了美國華盛頓大學雙學士學位，並著有《不只是天才》一書。此次專訪師父，是為寫作第二本書，邀請各領域傑出人士分享人生的智慧。師父喜見青年人才奉獻社會，因而撥冗受訪。

師父以因緣遷演，道出從幼時出家、青年投身軍伍、二次出家，及至赴日留學等，都是生命中深刻的歷程。師父認為自己只是個平凡人，如果在這平凡一生中而有了一些貢獻，只為了一個願心。從年少時初識佛法，就覺得佛法真好，可惜知道的人太少，而誤解的人太多，因而生起一個強烈動機，希望在能力範圍之內，盡可能充實佛法，也把佛法分享給人。師父對於當年所萌生的願心，如今已可明確道出：「就是宗教師的情操，宗教家的願心。」

七月十七日，星期四

靜養期間鮮少外訪的師父，下午來到了長榮集團位於市區的總部，拜會該集團創辦人張榮發先生及夫人李玉美女士，方丈和尚果東法師及悅眾楊美雲老師同行。

張總裁非常重視道德教育，也曾有心興學，然以少子化時代來臨，且國內大學已經太多，因此作罷。談起興學的話題，師父有感而發說：「辦法鼓大學是我的願心，我有信心把大學辦起來，心靈環保是我們的辦學理念，未來這所大學將能為社會乃至全世界奉獻一流的人才，我們一定會辦成。」師父邀請張總裁一起來推動興學，讓張總裁一生重視的道德教育與以「心靈環保」為理念的法鼓大學，彼此相輔相成，而有相加相乘的辦學成果。

年初，張總裁新辦一份《道德》月刊，創刊號上即有師父的贈文共勉。

● 七月十九日，星期六

二〇〇二年十二月，法鼓山護送石雕阿閦佛首復歸山東省神通寺四門塔，蔚為一時美談。時隔六年，阿閦佛首流轉聚首的因緣，仍受到一個美國作家克雷格．查爾茲（Craig Childs）先生關注。上午他透過電話專訪師父，叩問千年佛像流轉的事件始末及此中師父的心情。採訪過程由英文祕書常濟法師居中翻譯。

師父表達，見到千年古佛像遭人破壞，佛像之首流落異鄉，不論從文化古蹟、宗教文明，或是出自佛教徒的信仰，內心都是非常不捨。「任何文化古蹟，或者任一宗教信仰中心，因歲月時間的因素而自然損毀，乃是可以接受，但如果是人為蓄意破壞，轉作待價而沽的商品，則令人心痛，也是無法接受的事。」

此外，有鑒於明年為中華佛學研究所三十週年、禪坐會三十年、《人生》雜誌六十週年、法鼓山創建二十年，師父於法鼓山上，召集了各單位執事法師、事業主管，以及施建昌、邱再興等悅眾菩薩，指示明年為法鼓山重要的紀年，需有一系列的慶祝活動，而活動的內涵，必須以推廣法鼓山理念為核心目標，師父同時禮請鳳甲美術館邱再興菩薩擔任此一週年慶活動的總策畫。

● 七月二十日，星期日

年度第三場皈依祈福典禮上午在農禪寺舉行，共有一千四百六十餘人皈依，由方丈和尚授三皈五戒，師父到場開示勉勵。

● 七月二十六日，星期六

師父的西方弟子，包括克羅埃西亞法子查可．安德列塞維克（Žarko Andričević）在內等二十一人，上午來山拜會師父。促成這次拜會的果谷菩薩，也專程從美國陪同返台，居間為大眾翻譯，方丈和尚及禪堂板首果元法師在場陪同。

師父對西方弟子叮嚀：「從釋迦牟尼佛開始，傳法就是任務交代，是佛的弟子們把自己聽懂的、學會的佛的教導謹記於心，而去普遍推廣，這就是任務交代，即是傳法。」至於傳法，師父指出，必須具備三個條件：穩定的人格，清淨持戒的生活，以及弘法度眾的悲願心。「度眾生是慈悲心，弘揚佛法是願心；用願心來實踐慈悲心，就是度眾生，就是傳法。」

● 七月二十七日，星期日

八仙樂園負責人陳朝傳董事長偕家人，在友人羅萃瑩菩薩陪同下，上午訪法鼓山拜會師父。陳董事長是近期護持文化館修建工程的功德主，過去曾發願為法鼓山捐地，不過因緣總不具足，成了他的遺憾。師父感謝陳董事長的護持，也勸勉他，凡事隨緣盡力就好，不必罣礙。

同行來訪的羅萃瑩菩薩，是社會菁英禪修營的學員，近期常到文化館共修，便是由她接引了陳董事長護持文化館的修建工程。她也當場護持聖嚴教育基金會，並支持在美國哥倫比亞大學成立的「聖嚴漢傳佛學講座教授」。

● 八月七日，星期四

前總統陳水扁先生中午在隨扈的陪同下，來訪農禪寺拜會師父。時值梁皇寶懺法會期間，陳前總統也在師父陪同下，到功德堂及小巨蛋上香祝禱。

● 八月九日，星期六

農禪寺梁皇寶懺法會於今日圓滿，午後師父到農禪寺，為大眾開示燄口的意義。

● 八月十日，星期日

由方丈和尚果東法師率領的「法鼓山大陸佛教聖蹟巡禮團」一行六十二人，將於九月二十二日啟程，赴北京、焦山、南通、蘇州及上海等地進行七天參訪，首次的行前說明會，午後在雲來寺舉行，師父特別到場勉勵所有團員。師父叮囑，朝聖巡禮並非一般的觀光旅遊，而是要用修行的態度完成七天參訪，不論用餐、住宿，或到任何一個地方，隨時隨處誦念佛號，就是修行。

「知音今相見，特別高興也。」日本愛知大學葛谷登教授午後在友人陳誠任先生陪同下，來雲來寺拜會師父，說明正在翻譯的日文版《明末佛教研究》一書進展。師父感其垂青，特別贈書並且題上了喜遇知音的字句。

葛谷教授是天主教徒，專長則是中國宗教思想史，他對明末佛教與天主教的對立議題深感興趣，因此想到要把師父的《明末佛教研究》一書譯成日文。《明末佛教研究》全書有四個章節，論及明末的居士佛教、禪、淨和唯識，葛谷教授已完成三章，唯對「唯識」一章有些卻步。他認為唯識思想精深而自己涉獵有限，加上佛學素養不足，恐怕力有未逮。師父則勉勵他不必氣餒，多查字典、多找資料，或是請教唯識學者，都是改善的方法，當場也提出一份參考書單，供葛谷教授參考。

● 八月十六日，星期六

「這是一份光榮，也是二十一世紀最時髦的行業。」午後在法鼓山七樓國際宴會廳，僧團安排即將剃度學僧的家屬與師父見面，師父勉勵家屬不必掛心子女出家後的生活，因為法鼓山培養的出家眾，都是人天師範的宗教師。「所謂宗教師是把自己的一生，奉獻給佛教、奉獻給眾生，讓所有產生接觸的人，都能感受到佛法的關懷，這是一輩子的事。」師父表示，學僧出家以後，僧團會照顧他們一輩子，給予終生教育，成為人天師範的宗教師。

稍晚，師父前往禪堂為「卓越．超越」青年成長營的法青學員舉行開示。青年被喻為國家未來的主人翁，但師父提醒青年，在當國家社會的主人翁之前，先做好自己的主人翁；做好自己的主人翁，必須先超越自我。

師父釐清，超越自我與他人無關，只在自己。所謂超越，指的是超越自己的缺點、超越自己的困擾與煩惱、超越自己的種種障礙。想要超越他人的想法，往往引來惡性競爭；超越自我的煩惱，則是一種良性競爭。不過，要做好自己的主人翁，並非一夕可成，而要經過一次一次反覆練習，失敗了再重來。師父期勉在場青年做好自己的主人翁，要有信心，更要有決心。

●八月十七日，星期日

社會菁英禪修營共修會下午在農禪寺舉行共修，師父到場開示「禪宗的頓漸法門」。廣達電腦董事長林百里先生與高雄縣縣長楊秋興先生，於共修活動前後，分別探望了師父，表達關心。

八月二十一日，星期四

二十一日起至二十四日，美國法鼓山「北美發展研討會」在美國象岡道場舉行，主題為「同心同願，承先啟後」，共有來自美國各州及加拿大等地的一百一十多位東西方信眾與會。師父除於事前錄製開示影片勉勵大眾，也於二十三日晚間，在法鼓山開山寮與象岡現場進行視訊連線，回答大眾提問，李世娟菩薩在象岡現場擔任翻譯。

有一西方弟子叩問：「師父已長時間未到紐約，弟子該如何修行？」師父表示，儘管時代會變，但是人心不變，禪修的基本觀念和方法，也永遠不會改變，足以適應每一個時空。但是接引方法要做調整，禪法是活活潑潑的，如果完全食古不化，新接觸禪法和親近東初、象岡的人可能不容易接受。

對於「漢傳佛教的禪法，如何適應當代社會？」一問，師父則回應，法鼓山的核心價值「心靈環保」，就是現代化的漢傳禪法，落實方法即在禪修。「藉由禪修的練習，讓我們的心不隨境轉，除此之外，尚能以心轉境，就是心靈環保，便是漢傳禪法的精要。心靈環保是不受任何時空限制的。」

師父勉勵大眾，漢傳禪法在西方社會是很有希望的，師父對此有很大的信心；尤其勉勵西方弟子，要有一份責任感，在自己熟稔的語言、文化及傳統價值的背景基礎之上，搭起一座平台，把漢傳禪法推廣給當地人士。「特別要接引年輕人，主動到校園舉辦演講、帶領禪修。」師父把過去弘傳的心得與大眾分享，希望下一代的弟子們，能更用心接引年輕人。

● 八月二十八日，星期四

午後四時，師父於雲來寺七樓會客室錄《大法鼓》節目，介紹「心六倫」運動。

● 八月三十日，星期六

法鼓山僧團年度剃度典禮，上午在法鼓山大殿舉行，由師父親自授戒，共有五位男眾及十三位女眾乞受沙彌、沙彌尼戒，另有十八位僧伽大學新生受行同沙彌、沙彌尼戒。師父期勉新戒法師，出家以後，要把俗家親人當成是菩薩、護法，也要發願生生世世頂戴僧裝，才是大乘菩薩的大悲願心。

● 八月三十一日，星期日

前交通部長林陵三夫婦、公路局長陳晉源夫婦，以及華航董事長魏幸雄先生、慧洋海運董事長藍俊昇先生等一行人，由悅眾李枝河菩薩陪同，午時來山拜會師父，共同餐敘。

● 九月四日，星期四

中午在農禪寺舉行的僧大教師餐敘，師父親自到場，向出席的四十餘位教師致敬，僧伽大學院長果東法師、副院長果光法師在場陪同。

師父道出，近五十年來，正信佛教能在台灣重新被認識，接引許多的人學佛，其中要因，便在於宗教師的弘化。一個標準而有威儀的宗教師，是以身教影響信眾，教化大眾，這是正信佛教的基礎，也是僧伽大學辦學的宗旨。師父叮嚀，法鼓山宗教師的培養，一定是緊扣「心靈環保」理念和中華禪法鼓宗的正統教法；如果辦學離開此一目標，也許學僧的學問能夠增長，但對今日社會的幫助不大。

● 九月六日，星期六

師父下午前往台北圓山飯店，出席了第二屆「國際關懷生命獎」頒獎典禮，與天主教單國璽樞機主教、前監察院院長錢復先生及國際防治自殺協會（IASP）主席布萊恩．米謝勒（Brian Mishara）博士，共同擔任頒獎嘉賓。

本屆「國際關懷生命獎」較上屆增列了部分獎項，設有個人慈悲獎、個人智慧獎、團體大願獎，以及特殊貢獻獎。其中，個人慈悲獎由高雄市生命線協會主任吳信安先生獲得，個人智慧獎得主是關渡麗景管理委員會副主任委員陳明里先生，團體大願獎則由「社團法人中華民國工作傷害受害人協會」獲得，特殊貢獻獎則頒予國際防治自殺協會主席布萊恩．米謝勒博士。

在推薦徵選的六十八件名單之中，只有選出了四件獲獎，師父對此感到抱憾，而認為應當所有被推薦的團體及個人都要獲獎。因為我們的社會，能有這些團體及個人投注於生命的關懷，就代表陷入生命絕境的人們，多了一分希望，因此掌聲必須送予所有從事生命關懷的團體及個人。對於已經走出人生低潮的朋友，師父指出，社會大眾也應為他們鼓掌。

●九月七日，星期日

「國際關懷生命暨自殺防治論壇」，上午在台大醫院國際會議中心四〇一室舉行，由法鼓山人文社會基金會與行政院衛生署自殺防治中心共同合辦，這也是人文社會基金會舉辦「關懷生命」系列活動之一。這場活動，邀請到師父與世界防治自殺協會主席布萊恩．米謝勒博士，共同擔任「關懷生命．大師對談」論壇的主談人，分別從「心靈環保」理念及全球自殺防治實務經驗的兩個面向，探討自殺防治所面臨的挑戰與因應策略。

師父分享「心靈環保」的理念指出，西方的基督宗教講人死之後有天國，佛教也講人往生之後有西方極樂淨土，但是在佛教來講，真正的淨土就在人間。人的安全感與希望感，都與心態有關。如果能夠理解人生不如意事十常八九，所有的一切都是無常，經常是在變化之中，也就不會覺得有什麼困難是無法克服的。師父也從禪修的觀念道出，遇到任何困難，首先要能勇於面對，只有面對，才能找出解決的辦法。面對事實，接受事實，便有下一步路可走，這就是心靈環保的觀念和方法。

師父說明，法鼓山之所以透過媒體宣導，呼籲大眾建立防治自殺的觀念，其用意除了呼籲有自殺意圖的人不要放棄生命，同時也希望做好預防的工作，呼籲大眾任何困難都是可以解決的，只要活著，就有無限的希望。

晚間，師父回到了農禪寺，出席法鼓佛教學院與日本立正大學締結姊妹校的儀式，與立正大學佛教學部長三友健容教授，代表雙方進行換約，專程來台訪問的立正大學海外參學交流團一行四十七人，共同見證了這場儀式。三友健容教授並帶來兩張師父留日期間兩人合影的照片，使師父相當驚喜。

立正大學海外參學交流團，此行主要是在法鼓山進行為期兩天的地域佛教研究及參訪，並與法鼓佛教學院舉行中日佛教演講交流。

● 九月八日，星期一

八日起至十日，師父回台大醫院做定期回診，住院三天，做了膀胱鏡檢查。檢查結果正常，未發現腫瘤或疑似惡性細胞。

● 九月十四日，星期日

「人到了某一個位置，自己的一言一行，所做的任何政策，都是牽涉到千萬生命，不可不慎，人的品質很重要。以前聽師父講這些道理，到了關鍵時刻就會浮上心頭。」強烈颱風辛樂克才剛遠離，法鼓山上風雨未歇，總統午後到訪，受到師父、方丈和尚及綱領執事法師等迎接招待。

總統表示，常在關鍵時刻想起師父的話，尤其師父提出的提昇人品，對擔任政府要職人員非常重要。

總統對生命維護的議題也相當重視，而說過去擔任台北市長期間，責成社會局與衛生局針對自殺原因進行調查，發現自殺人口之中，以青壯年人士居多，而且男性多於女性。

「現在要做的，是幫助社會大眾免於恐懼，對未來有希望感，政府和民間都要從這方面去努力。」師父表示，自殺的因素雖有各種各樣，但會走上自殺一途，多半是因為沒有未來感，對未來沒有希望且心懷恐懼，因而走上絕路，因此政府與民間都要努力防範。師父指出，現在民間投入防治自殺關懷的力量雖然有限，但還是有成效的。如法鼓山連續兩年舉辦關懷生命獎，除了是給防治自殺第一線工作人員鼓勵之外，也在籲請社會大眾共同關注，希望有更多的人，一起來做自殺防治的守門員。

● 九月二十八日，星期日

TVBS董事長梁乃鵬先生在夫人梁文端女士及TVBS總經理楊鳴先生陪同下，上午前往中正精舍拜會師父。向師父請益說：「四川大震造成許多學生與窮人喪失寶貴的性命，為什麼他們沒有做壞事，卻要受到果報？」

師父表示，從實際面來看，這次震災由於當地建築物的防震措施不足，造成許多校園震毀倒塌。但是從因果來講，不能只看當下這一生，背後有更長遠的因果，那是我們所不知道的。然而師父也提醒，從因果論來看災難，非常的不慈悲，「而要勉勵還活著的人珍惜生命，自己活下來，也幫助其他的人活下來，這在修慈悲心、修菩薩行。」

六年前，師父受邀至香港理工大學演講，當時梁乃鵬董事長也在座聽講，他對師父所說的慈悲心感觸極深，從此投入慈善公益。他分享，每次往返桃園中正機場，總會看到師父代言的珍惜生命公益廣告，「覺得師父的眼神就在看著我」，覺得這也是一種緣份。因此，當場向師父表達，法鼓山推動公益的廣宣，TVBS願意盡一份力協助推廣。

二

本來面目

二〇〇八年十月至十二月記事

● 十月二日，星期四

由台北縣政府一級主管八十餘人參加的生活減碳體驗一日營，上午在法鼓山舉行，周錫瑋縣長也參與其中。中午時分，師父與大眾一起用餐，並以素餚及法鼓山建築為題，分享法鼓山的環保理念。

師父道出，法鼓山的素食具有三種特色：不取葷食名，不做葷食形，也沒有葷食的味道。法鼓山的建築也是環保的落實，山上的每棟建築物，都是依山而建、順勢而造，不以建築需求而破壞地形，而是配合著地形特色，加以構思每一棟建築物的建築位置；在建築風格上，則以簡明、樸實的風格一以貫之。師父說：「法鼓山的房子不花俏，沒有多餘裝飾，這就是環保。」

師父也分享，正在籌備和建築中的法鼓大學，未來將會推出多層次課程，除了在校學生，義工與社會大眾也能受惠，希望北縣府的主管菩薩日後都來體驗法鼓大學，或做學生，或當老師。

十月五日，星期日

由榮譽董事會策畫主辦的「法鼓山榮譽董事——禮聘．感恩．聯誼會」，上午在雲來寺大殿舉行，由方丈和尚果東法師頒發榮譽董事聘書。師父向在場的榮董菩薩表達感恩，並介紹法鼓山的定位是成為國際化的世界佛教教育園區。在法鼓大學正式開學後，世界佛教教育園區便是完整的了。

師父談起法鼓山的大學院教育，表示法鼓山最重要的建設，不是建築、不是設施，而是要培養人才。從中華佛學研究所、僧伽大學、法鼓佛教學院到興建中的法鼓大學，就是要把從大學部、研究所到博士班的學程做一完整建構，因此法鼓大學是一個非常重要的里程。師父也特別提起大學院教育中的僧伽教育，目的在於培養優秀的宗教師，而宗教師的關懷有兩個層面，一個是對生命的關懷，一個是對社會的關懷。目前僧伽大學雖然只是佛學系、禪學系的規模，但是學僧之中，不少人已獲得碩、博士學位，師父籲請榮董菩薩鼓勵有心奉獻出家的年輕人報考僧伽大學。而對於即將開辦的法鼓大學，師父表示，凡是護持的菩薩，不論在場或者不在場，「全都是法鼓大學的創辦人」。

● 十月七日，星期二

明年（二〇〇九），不但是法鼓山成立二十週年、是《人生》雜誌創刊六十週年，也是僧團、中華佛學研究所暨護法會成立三十週年，法鼓山許多關鍵的步履，都將在明年進入一個新里程。年度第四場師父精神講話，師父便以此為題，叮嚀所有專職、僧團法師及護法悅眾，強調法鼓山是一個正信佛教的團體，法鼓山所做的事，是在傳統之中走出了創新。

這場精神講話於上午十時在雲來寺大殿舉行，透過視訊連線，讓法鼓山總本山與各地分院道場，同步聆聽師父的開示。師父強調法鼓山的傳承，是從東初老人初建中華佛教文化館及農禪寺開始，至師父回國繼承老人遺志，創辦了中華佛學研究所，成立了護法會，創建了法鼓山，這一路走來，都是在傳承之中走出創新。「我們是一個正信佛教的團體，而我們推廣的佛法，從觀念、方法到形式上都做了創新，如『心五四』和『心六倫』，內容都是佛法的精華。我們做的是創新，而不是食古不化、一成不變。」

師父談起近日俗家親人打來的電話，問明年是師父八十壽辰，師父過不過壽？師父鄭重表示：「東初老人從不做壽，我也不敢做壽。」「雖然不過壽，生日還是有的，如果大家要紀念我的八十歲，那就是把工作做好一些、做得有效率一些，讓法鼓大學工程快一些完成、早一些招生。招生以後，把學校辦得更好一些。能夠這樣子，我很感恩大家，對我的八十歲就有意義了。」

師父並交待所有僧俗弟子，從今以後，不論對內對外，不可使用「法鼓人」、「我們法鼓人」這類稱呼，而要稱「法鼓山菩薩」。師父指出，「法鼓人」的稱法聽起來似乎很親切，其實是小眾、小團體的自我耽溺用語，會讓沒有參與這個團體的人聽了不舒服，感覺像受到排斥，以後不可再用。

十月九日，星期四

師父上午應中華航空公司邀請，前往中華航空教育訓練中心，為華航一、二級主管舉行專題演講。

師父以「生活與工作的安心之道」為題，提出「自我規範」、「以身作則」與「心存希望」三樣法寶，勉勵與會大眾在逆境中展現智慧，並能生活在希望中。

華航董事長魏幸雄先生、前董事長李雲寧先生及高鐵副總經理林鵬良先生，都在場全程聆聽，現場計有一百五十餘位華航主管出席。

十月十一日，星期六

「我很感謝在今天的台灣，仍有人戮力於漢傳佛學研究，我也鼓勵未來能有更多學者繼續投入漢傳佛學的研究；漢傳佛教的內涵是非常深厚的。」師父在午餐餐敘，對著席間漢傳佛教的研究學者，有感而發地說。

來訪的學人，包括玄奘大學講座教授羅宗濤先生與夫人陳靜雅女士、台北教育大學生命教育與健康促進研究所所長陳錫琦先生及夫人陳淑香女士、台北教育大學語文與創作學系涂艷秋教授、政治大學丁敏副教授及夫婿俞雨霖先生，以及台北教育大學生命教育所碩士林泰石先生等。林泰石先生近期以師父為研究主題，新發表了論文《聖嚴法師禪學著作中的生命教育》，隨後並由法鼓文化出版。

● 十月十二日，星期日

北京大學哲學系陳來教授偕夫人楊穎女士，由東海大學朱湘玉副教授等人陪同，上午來訪法鼓山拜會師父。二〇〇三年及二〇〇五年，師父兩度赴北京大學演說，想拜會的學人中，總是少了陳來教授。數年後，陳來教授受邀在中壢的中央大學擔任客座教授，改由他主動來訪。陳教授向師父分享，此行來法鼓山所見，讓他深感百聞不如一見。

師父上午並出席由泰國皇室致贈的泰式仿古佛像的贈送儀式，於法鼓山大殿舉行。今年適逢泰皇拉瑪九世蒲美蓬八十大壽，泰國民間鑄造十九座仿五百年歷史的古老佛像獻予皇室，而由泰國皇室致贈全球十九個重要佛教團體，法鼓山為其中之一。

這場佛像致贈儀式，在法鼓山僧團與泰籍僧眾分別以漢傳、南傳佛教祈福儀式中揭開序幕，現場有我外交部代表、泰僑及法鼓山信眾等千人見證。師父以法鼓山創辦人身分到場致詞，表達法鼓山受贈的一份光榮，並且指出，南傳與漢傳佛教，雖有形式之不同，法源則是同流，都是來自釋迦牟尼佛的教法，目的也只有一個，便是促進世界和平，共同為世界人類的健康、平安、快樂、幸福而努力。

● 十月十四日，星期二

師父與昔日故友：前《菩提樹》發行人朱斐老居士及前台中蓮社社長王炯如居士，午後在安和分院有場溫馨聚會。同行的台中光壽學院與菩提仁愛之家成員一行近四十人，現場分享這份重逢的欣喜。

「朱斐老居士是我的恩人，我有好幾本書，都是先在《菩提樹》雜誌上發表文章，之後再集結成書；我赴日本留學，沈家楨居士原來並不認識我，是由於朱斐居士介紹，讓沈家楨居士給了我獎學金，這是我始終感恩的。」

「當年他辦的雜誌社在台中，但是只要一上台北，就一定到北投文化館來看我師父東初老人。我師父見了他，不是讓他休息，而是叫他校對文章、修潤文稿。常常《人生》雜誌正要出刊，我師父便要他幫忙校對，有些翻譯文稿也交給他校正。其實他自己的刊物已經很忙，但是他還是把自己的工作放下，我師父怎麼說，他怎麼配合。」

師父談起朱斐老居士，往事歷歷如在目前。

相偕來訪的王炯如居士也是師父舊識，他與師父都曾是《菩提樹》的作者，也為該刊作畫插圖。三十多年前，他也曾到日本探望師父，並且合影。這天他把這張珍貴的照片帶來送給師父，並在照片背頁題寫「東瀛負笈苦中撐，博士法師最令名，法鼓咚咚漫宇宙，人間淨土願心宏」四句。師父非常歡喜地收下。

● 十月十六日，星期四

禪修團體香巴拉總裁理查．雷奧克（Richard Reoch）先生等一行，上午到雲來寺拜會師父，方丈和尚果東法師、佛教學院校長惠敏法師陪同出席。雷奧克總裁此行主要代表香巴拉現任法王薩姜．米龐仁波切向師父問候，並轉達仁波切希望就工商人士的修行指導，向法鼓山請益交流。

「香巴拉」意指覺悟的國王慈悲率化子民，而使全民覺悟，衍生義為「覺悟的社會」。雷奧克總裁表示，「香巴拉」其實就在人們心中。師父回應贊同，覺悟的淨土不在他方，而在人們心中，凡是有佛法的地方，就是香巴拉。

午後，師父在雲來寺錄製《大法鼓》節目，製作人趙大深及戴玉琴菩薩率工作團隊，請師父談安心之道。

十月十九日，星期日

江西省寶峰禪寺代理住持衍真法師，上午至法鼓山拜會師父，向師父請益僧伽教育的議題。師父指出，不論辦學或是領眾，道心是為第一，只要道心懇切，所有辦學的障礙都將迎刃而解，信徒也會來護持。

師父並會見了專程來訪的政治大學校長吳思華先生、教務長蔡連康先生、文學院院長王文顏先生及研發長周麗芳女士等一行，相互交換大學教育的理念。吳校長當場表達希望爭取「法鼓人文講座」，他說儘管政治大學的講座已經不少，但是少了「法鼓人文講座」，將是一大遺憾。師父對此表示樂觀其成。

下午，師父為第五屆社會菁英精進禪三學員在禪堂舉行開示，當場為大眾釋疑：菁英禪修與一般禪七，是否真有不同？

師父道出，禪法無法，禪門無門，禪修的利益是因人而異的。例如同一本《無門關》，工夫深的人來看，一輩子受用不完，工夫差的人，可能一天就看完。「其中差別，就在於能否得力，會不會用方法。」禪修是無法量化或者估計的，只有在遇到境界考驗的時候，檢視自己的心能否面對、能否處理。

「方法是師父教的，工夫是自己練的。」師父叮嚀，在心緒非常混亂的時候，要練習用方法來化解，這就是調心，就是修行。如果一時無法調心，至少要有耐心練習，如此時日漸久，工夫自然現前。

●十月二十一日，星期二

師父下午前往國防大學，為「國軍九十七年度重要幹部研習會」舉行演講「心六倫與生命價值」。國防部部長陳肇敏、參謀總長霍守業、國防部副部長林鎮夷、國防大學校長曾金陵先生等近四百位國軍幹部出席了這場活動。

師父的演說，從「心的倫理」、「心是什麼？」和「生命的價值」三個層面，勸勉國軍幹部從倫理來衡量生命的價值。師父強調，從倫理看人生，每個人的一生，都有應盡的責任與義務，要盡倫理之責；生命的價值在於對社會、國家，乃至全世界盡責和奉獻。

●十一月一日，星期六

由護法總會舉辦的「5475大願興學心得分享茶會」，於雲來寺大殿舉行，師父到場對大眾表達感恩。師父感恩大眾的發心，也請大眾感恩自己有這樣大的勇氣和信心，在一年內成功接引一百人護持法鼓大學，還要感恩有這麼好的因緣、這麼大的功德，共同促成法鼓大學興學。

近半年來，國內景氣持續低迷，影響所及，大眾的護持能力與意願都呈現縮減。為此，師父勉勵大家，只要不氣餒，持續努力、持續發願，就是最大的功德，也是最好的護持。

十一月二日，星期日

「我能到很好，如果我不能到也沒有關係，現在方丈和尚已經接位，由方丈和尚來見證大家皈依三寶，這和我見證諸位皈依的意義是相同的。」年度第四場皈依典禮，上午在農禪寺舉行，師父到場為大眾開示，並且勉勵新皈依弟子，修學佛法當以六波羅蜜為基礎，即布施、持戒、忍辱、精進、禪定與智慧。「用六波羅蜜來幫助自己斷煩惱，生智慧，起慈悲心，就是皈依的目的與功能。」

十一月六日，星期四

美國華盛頓全國宗教新聞社針對師父新出版的英文傳記《雪中足跡》*Footprints in the Snow*，上午透過網路視訊，向在中正精舍的師父進行越洋專訪。

這次專訪，原擬由華盛頓全國宗教新聞社記者丹尼爾·柏克（Daniel Burke）先生直接採訪師父，因師父人在台灣，且訪談需英文翻譯，故改由柏克先生提出訪題，委由師父的英文翻譯李世娟菩薩在美國視訊採訪師父，再由李世娟菩薩提供英文書面文稿，協助該社完成的新書報導。

師父受訪的題目包括：一、您在書中提到：禪修與信仰是可以分開的。請加以說明。二、您的一生歷經種種艱難，您如何找到支撐的力量？三、因緣是否就是業力？四、不打坐，有沒有可能開悟？五、在美國有很多日本禪師認為，只管打坐，佛學理論並不重要。請教您的看法。六、您在書中提到，禪可為西方人帶來好處，怎麼說呢？七、您認為佛教徒不應該參與政治？八、您為什麼拒絕換腎？

下午四時，師父在中正精舍接受另一個專訪，《點燈》節目製作人張光斗先生，邀請師父談記憶中的老瓊菩薩。

老瓊菩薩已於十月底往生，她曾參與法鼓山菁英禪修營，數次上法鼓山禪修，師父稱她很有慧根，修行認真。老瓊十多年前初見師父，讓她深受感動，此後虔心學佛，也帶動全家人親近佛法。直到一年多前，老瓊菩薩發現罹患肺癌，但她不恐慌，只是覺得人生路只走了五十餘年，有些遺憾。她感恩師父的教導，成為她病中最大的精神支柱。

● 十一月八日，星期六

訂於本月二十八日舉行的法鼓大學開工典禮，師父因洗腎療程無法出席，因此今日上午提前預錄致詞。師父表達對法鼓大學充滿信心，也相信台灣及全世界，都對法鼓大學寄予厚望。師父道出，法鼓大學雖是一所新創辦的學校，然而所擁有的辦學資源相當豐厚，是匯集法鼓山全體的資源來支持興學。如過去三十年來的大學院教育基礎，有中華佛學研究所、僧伽大學、法鼓佛教學院，即是辦學的後盾；廣大的校地和豐富的圖資館藏，也是辦學的支持。師父表示，未來法鼓大學將向全世界招生，並採取書苑制度，結合心靈環保的理念，以培養品格健全的學生，奉獻給社會以及全世界人類。

● 十一月九日，星期日

第六十一次社會菁英禪修營共修會，傍晚在農禪寺舉行，師父到場開示。社會菁英禪修營至今已圓滿三十梯次，師父表示，自己年事已高，受病影響，不再能親自帶領，宣布從此停辦。雖然菁英禪三不再舉辦，然而法鼓山各類的禪修活動仍將持續，而以「自我超越」為目標，希望每位菩薩都能做到自我超越；唯有自我超越，才是真正的菁英。

師父說明，所謂自我超越，主要在於超越我執，如「我」的身分、地位、聲望等，並以《金剛經》中的「應無所住而生其心」為例，說明「住」與「無住」的差別。凡是有辨別心、分別心，有自主心、瞋愛心，有種種喜怒哀樂的心，便是有所「住」；心不執著，無所罣礙，是為「無住」。

師父也談起近期由美國雙日出版社所出版的《雪中足跡》一書，已由台灣三采文化取得中文版授權。執筆的肯尼．威普納（Kenneth Wapner）先生，在本書中僅記述師父六十歲前的個人生平；六十歲後，創建法鼓山、參與國際會議等重要事蹟，則完全未予著墨，原因是執筆的威普納先生認為這些事蹟，讀者不會感興趣。對此，師父覺得頗堪玩味。

●十一月十一日，星期二

上午，王永慶董事長的遺孀李寶珠女士偕女兒、女婿等一行人，由人基會祕書長李伸一菩薩陪同，來山拜會師父。

王夫人李寶珠女士提起王董事長此行訪美之前，還念著與師父見面一事，可惜已經來不及。同行的楊定一先生也道出，董事長生前保有靜坐的習慣，已長達十餘年；靜坐的方法，即是「沒有方法的方法」，每次可坐四十分鐘至一個半小時不等。王董事長曾說，靜坐時，腦中沒有雜念。這讓師父相當驚喜，回應說道：「沒有方法的方法就是最好的方法；心理沒有壓力，身體也沒有壓力，就是默照。」

師父表示，王董事長留給人間許多的福祉，並不是因為他的名望，而是他所留下的功德。這些功德有些看得到，有些看不到。「但是，功德是什麼呢？對一般人來講，功德是非常抽象，其實，真正的功德是無相布施，為眾生造福而不求回報，這是無相功德；無相功德是最大的功德。」

十一月十三日，星期四

師父上午在雲來寺七樓會客室，接受了香港鳳凰衛視台《文化大觀園》節目專訪，主持人是王魯湘先生。

師父受訪的內容包括：孩提時對江南水災的記憶、小沙彌生活、十年軍旅、退役後再次披剃，到創建法鼓山、大殿的本來面目、環保生命園區以及佛教教育等。對於師父創建法鼓山，從理念、建設及境教氛圍，主持人王魯湘先生都做了深刻的提問。

師父指出，法鼓山辦的教育，是回歸佛陀時代的教育方式：佛所教化的場域，不限定某處空間，佛在何處說法，那裡便是佛的教育場所，而隨佛聽法、修學的人們，就是佛所教化的學生。對於法鼓山建築的理念，尤以大殿的「本來面目」為代表，本來面目是人人皆有的佛性，只是被煩惱遮蔽了。師父分享，法鼓山的建築是本來面目，法鼓山的理念「心靈環保」，也是本來面目。

主持人表示，在法鼓山環保生命園區，他看到人們把最難放下的東西也放下了，如果這個理念能在中國社會及大中華圈傳播普及，真是功德無量。師父回應道，人的生命，活著的生命跟死後的生命，在法鼓山是結合起來的；「我們有一個教育園區，有一個生命園區，教育園區是世界性的，生命園區是永恆性的——空間與時間都是無限大的。」

下午，師父在雲來寺會見了北京大學東方學研究院院長王邦維教授，也從王教授收到了季羨林教授轉託的問候，梵語研究者林光明先生陪同拜會。王邦維教授是一代國學大師季羨林教授的得意門生，專長是研究梵語文學、梵漢佛教文獻及中印佛教史及文化等。季羨林教授曾於一九九九年來台出席由法鼓大學籌備處主辦的「人的素質」學術研討會，一時驚動本地學界。高齡九十七的季羨林教授，雙目已近失明，但仍憑著感覺揮毫書寫。得知王邦維教授將訪台北，季羨林教授特別親筆在新作《季羨林談佛》一書上落款題字，由王教授當場轉交師父。

● 十一月十五日，星期六

香港《文匯報》社長張國良先生偕夫人任家翠女士，在《文匯報》駐福建辦事處主任黃若紅先生及《東方日報》主筆王善勇先生等陪同下，上午來訪法鼓山拜會師父。張社長與師父為江蘇同鄉，雖是首次拜晤，氣氛相當熱絡。

● 十一月十六日，星期日

「廈門市佛教協會」一行十八人上午來山參訪，也向師父拜會。來訪一行，包括南普陀寺、虎溪岩寺、白鹿洞寺、中岩寺、普光寺、石室禪院、梅山寺、妙清寺等廈門市十餘所寺院代表，其中有些人曾於師父赴大陸朝聖巡禮時見過面，因此對於這次拜會相當期待。

十一月十八日，星期二

下午，文化中心果賢法師、常真法師為《一鉢千家飯——法鼓山攝影集》的序文來到中正精舍訪問師父，師父在受訪中提到：「這本書裡記錄的不僅是我的過去、法鼓山的過去，還記錄了漢傳佛教，甚至世界佛教的過去，使我感觸良多。」全程口述一個多小時。

師父同時也口述了對太虛大師一生的敬意，此文則做為法鼓文化出版《太虛》外譯書一書的序文。

十一月二十五日，星期二

師父上午前往台北縣政府國際會議廳，出席由縣政府舉辦的「聖嚴法師與珍古德博士心靈對話研討會」，主題為「大悲心起：與地球生命體的深層對話」，由馬來西亞悅眾林忠彪菩薩主持，國際珍古德協會執行長郭雪珍女士擔任中文翻譯。台北縣長周錫瑋先生偕北縣一級教育主管與公益團體代表全程聆聽。

師父與珍古德博士，一位是提倡「心靈環保」理念的宗教師，一位是倡導「根與芽」國際保育計畫的保育人士，兩人都曾經歷戰亂的年代而同樣失學，並且都很重視心靈品格的力量，肯定每一個人都有改變世界的力量。這場座談會討論的議題包括：兩位大師生命中慈悲的種籽何時栽下、何時發芽？如何把內在慈悲心轉換為具體行動的力量？如何培養下一代的慈悲心？如何自我完成與奉獻利他等。

師父指出，地球環境雖是每下愈況，愈來愈糟，但我們還是要努力改善，扭轉乾坤，使得不可能的化為可能。地球環境的改善，從有限的時空來看是不可能的，但是在永恆的時空中，只要人類用心、用智慧，則可把不可能變成可能。「相信有明天、有未來，相信有無限的未來、大好的未來，也教育孩子朝這個方向努力。如果每一個人都這麼做，就能夠扭轉乾坤。這不是神話，而是事實，只要有心努力，就可以成為事實。」

回應自我完成與奉獻利他的議題，師父表示，「其大無外，其小無內」，生命其實沒有限際。從禪修觀點來講，禪修是從自己的內心世界開始觀照，漸至延伸外在的世界，使自己內在與外在的環境合而為一。不過師父指出，每一個人眼中的世界，從來都沒有一個客觀的標準，而只有個人的主觀評斷。因此，為了自利，也是利他，要練習少點主觀，對人少些批評，如此，自己的煩惱會少一些，對他人的慈悲會多一些。

● 十一月二十九日，星期六

國際知名刑事鑑識專家李昌鈺博士與夫人宋妙娟女士，在友人葉榮嘉夫婦等陪同下，上午來訪法鼓山拜會師父，方丈和尚果東法師、副住持果品法師一起陪同。李昌鈺博士與師父是江蘇南通同鄉，今日難得拜晤師父，主動提出師父若有南通之行，一定奉陪；也在眾人期待下，師父與李博士約定明年舉行對談。

在氣氛熱絡的敘談中，李博士當場念起了四句話：「人生要在平淡之中求進步，又在艱苦中見其光輝；人生要在和諧之中求發展，又在努力中見其希望；人生要在安定之中求富足，又在鍛鍊中見其莊嚴；人生要在沉默之中求智慧，又在活躍中見其悲願。」

這四句話，原是一九八二年八月師父為《人生》雜誌復刊所寫的勉語，卻成為日後李昌鈺博士巡迴世界各地演說中經常分享的人生智慧。

李博士與夫人首度來訪法鼓山園區，他分享自己的感動：「這個地方，把不可能化為可能！」

「我這一生只做一件事，就是把不可能變成可能！在我的年代，警察出身而念博士，這是把不可能變成可能！就像您是出家人而完成博士學位，也是把不可能變成可能！法鼓山把佛教弘揚到世界各地，也是把不可能化為可能！」

師父回饋，把不可能變成可能，在於一個「心」字。只要有心，且用心投入，因緣就會漸漸成熟。就如法鼓山從二十年前的一片荒山，如今建成一座現代化的道場，雖然過程中有許多的人並不看好，最終還是建成了。

此時，大悲心水陸法會正在法鼓山上舉行，這天師父的行程都在法鼓山上，在上午與李昌鈺博士到了總壇、淨土壇、祈願壇關懷。師父午後則繼續前往大壇、法華壇、般若壇、楞嚴壇、地藏壇及藥師壇關懷。

下午五時，師父前往設於法鼓大學工地的燄口壇關懷開示，指出水陸法會是漢傳佛教之中，規模最大、包容最多、意義最深，功能也最豐富的一場法會，是以無分別的平等心，供養三界所有一切靈界眾生，讓他們獲得法益，化解煩惱、開發智慧，早日解脫生死的苦海，因此又稱「水陸無遮大法會」。

今年舉辦的第二屆法鼓山大悲心水陸法會，全山一共設有十個壇場。師父說明，法鼓山水陸法會的兩大特色：一是莊嚴攝心，猶如禪七、佛七的修行，共修信眾多數住於山上，大家的作息統一，不會散心雜話，非常安定；其次是環保改良，把過去傳統水陸繁複的儀軌，及在今日社會已經不切時宜、不符環保的部分，全都做了修訂。

● 十二月四日，星期四

師父在下午雲來寺接受年代新聞《聚焦360度》節目專訪，談「心六倫」與二〇〇九年法鼓山年度關懷主題「心安平安」，主持人為主播高文音女士。

師父指出，平安，有心理的平安、生活的平安與生命的平安，其中是以心理平安為基礎。只要心安，就有生活的平安和生命的平安。師父並提出三種安心的方法，勉勵觀眾時時在生活中運用：其一為正視現實，用四它觀念來面對處理；其二是懷抱信心，對未來永遠懷抱信心與希望；其三則是心平氣和來處理事。

十二月五日，星期五

今天是大悲心水陸法會圓滿日，師父於下午完成洗腎後，直接驅車法鼓山，於午後四時三十分抵達送聖法會會場，為送聖儀式舉行開示。然而。師父一開口便說開示不必再講，所要講的佛法，均已在法會期間大家讀誦的經文和持咒之中。大眾誦經持咒，就是在聽佛說法。

另外，師父強調，這場法會的「收入」很可觀，所收入的不是錢，而是法會期間大眾精進共修，共同成就的無形功德。至於有形的收入，即信眾護持水陸法會的經費，則有兩項用途，一是用來興辦教育，一則做為全山營運的經費，及辦理各項教育、文化、慈善事業等。師父並勉勵大眾，在年景不佳的時候，大家愈需要佛法，愈需要發大願心來護持道場、護持三寶；也叮嚀大眾，念佛、拜懺、打坐或是讀經的恆課，平時一定要有，才能獲得更深的法益。

十二月七日，星期日

一位西方信眾布魯絲．希爾（Bruce Searle）女士，上午來訪法鼓山拜會師父。希爾女士主動表示，希望能為師父的英文著作重新編輯，以更活潑的形式接引讀者。師父同意，表示可以一試。

●十二月八日，星期一

《聖嚴法師教話頭禪》一書即將出版，法鼓文化求序，師父以口述方式，說明此書出版的重要性，使得「中華禪法鼓宗」的禪學教法更臻完整。

●十二月十一日，星期四

位於台北縣三峽的法鼓山天南寺，工程即將進入尾聲。師父上午到天南寺關懷工程進度，方丈和尚果東法師與都監果廣法師，及護法總會副會長劉偉剛菩薩、天南寺工程委員會主任委員黃平璋菩薩等在場陪同，為天南寺奉獻護持的邱氏家族由邱仁賢菩薩代表，也在現場為師父解說。三峽的邱氏家族於二〇〇三年捐地法鼓山，二〇〇七年二月正式動土。待天南寺落成以後，將做為法鼓山在台北近郊的一處禪修中心。

●十二月十三日，星期六

師父上午在法鼓山開山寮錄製二〇〇九年新春祝福開示：「心安平安」，並以明年是法鼓山成立二十週年，另行錄製一段「傳薪創新，感恩發願」的勉勵開示。錄影結束後，師父顯得異常疲累。

十二月二十日，星期六

師父上午在法鼓山開山寮做了三段錄影：受邀為蘇州寒山寺的新年祈福叩鐘，給予預先的祝福；另外也為馬來西亞學佛青年及馬來西亞的護法信眾，各別做了祝福的談話。其中以馬來西亞學佛青年為對象的講話，將做為僧大明年度到當地招生之用。

這一天，師父收到從法鼓文化轉來剛出版的《聖嚴法師教話頭禪》一書。這本書的出版，讓師父非常歡喜，因為這本書讓師父等了近三年，現在終於出版了，這是繼《聖嚴法師教默照禪》後的一本有關中華禪法鼓宗的禪學教法著作。

此書收錄了師父一九九九年、二〇〇二年，在台灣主持的禪七和禪十四，以及於二〇〇四、二〇〇五年在美國象岡話頭禪十的禪修開示。

師父自一九九八年，在象岡首度主持了「默照」、「話頭」單一法門專修禪七，引領禪眾一門深入契理契機。師父所指導的話頭禪，除禪七外，另外還有禪十、禪十四，甚至在去年（二〇〇七），在法鼓山上首度舉行了話頭禪四十九。

十二月三十日，星期二

早期親近文化館的林大炭菩薩的家屬，包括夫人魏晃及女兒林金蓮、林淑蓮等一行人，上午來訪農禪寺拜會師父。林大炭菩薩是東初老人的弟子，常於過年過節，為文化館送來一大袋的梅乾菜，讓東初老人很歡喜。這份心意，師父還是念著的。

師父下午在中正精舍見了專程來訪的美國德州佛教會會長淨海長老，同行有美國佛教會會長明光法師及常亮法師。淨海長老小師父一歲，與師父是江蘇同鄉，也是立正大學的同期學友，近年在美國弘法。

師父為迎接淨海長老來訪，特別於新書《放下的幸福》題句落款。長老收下了師父病中時期最後一本簽名書。

● 十二月三十一日，星期三

師父上午到台大醫院血液透析中心洗腎；下午則依例做了回診前的核子共振檢查。這是師父按照往例，在每三個月定期返台大醫院的檢查。檢查結果發現肝部出現無數小黑點，疑似腫瘤，腎與膀胱的檢查結果則正常。由於元旦假期長及四日，便依既定行程，於一月五日辦理入院治療。

三

法華鐘響，七如來迎

二〇〇九年一月至二月三日記事

一月三日，星期六

返院治療前，師父出席在農禪寺舉行的護法體系各地悅眾歲末感恩分享活動，當天計有全台五個分院連線。這是師父在二〇〇八年時，特別指示辦理的活動，希望將原本分別在各地舉辦的歲末圍爐，統合在同一天，賦予法的共修，以連線的方式，共聚一堂。

由於師父法體極度虛弱，每一舉步，均需由侍者攙扶才能邁出。活動現場播放師父預錄的兩支影片：《心安平安——二〇〇九聖嚴師父新春祝福開示》以及回顧法鼓山過去歷史展望未來的《傳薪創新，感恩發願》，這是為明年度，法鼓山各項週年慶而講的開示和勉勵。

師父只坐在台前，以眼神關懷大眾，全程未發言。主持人祈請師父再開示，師父只簡單回答說：「該講的都講了。」

● 一月五日，星期一

師父在完成洗腎療程後，正式辦理入院，做了腹部超音波、心電圖、X光及人工血管超音波檢查。傍晚，泌尿科主治醫師蒲永孝醫師為師父說明此次入院檢查事宜。

● 一月六日，星期二

上午，台大醫院何弘能副院長率腎臟及泌尿科主治醫師，首度向師父說明檢查結果。但從下午起，師父的病況開始急轉直下，陷入半昏迷狀態，只能偶爾睜開雙眼。

● 一月七日，星期三

由於師父仍呈半昏迷狀態，醫療小組緊急召會，決定把上午洗腎療程延至午後，並改於加護病房洗腎。在這次洗腎過程中，師父數次出現呼吸暫停現象。

有鑒於師父生命徵象極不穩定，都監果廣法師及侍者常寬、常願法師等三人，以見證人身分簽署了「不施行心肺復甦術意願書」，這是比照二〇〇六年師父親自簽署的內容，凡侵入性治療皆不接受。晚上十一時半，果廣法師與衣缽寮全體法師跪於師父病榻前，懇請師父再住世。師父閉目淌淚，神情平靜。

● 一月八日，星期四

晨起，師父氣色逐漸好轉，漸能說話。上午在何弘能副院長與主治醫師蒲永孝醫師查房時，師父表示拒絕侵入性治療。午後，果廣法師向院方借了筆記型電腦，讓師父從網路中，看到四眾弟子們於農禪寺共修，為師父祈福訊息，師父聞後落淚。不久，師父再度陷入半昏迷。至傍晚五時，做了入院後首次灌腸治療，灌腸之後，師父隨即恢復意識清醒。

● 一月九日，星期五

副總統蕭萬長先生來院探視師父，敦請安心調養，國人都為師父祈禱，師父合掌感謝。當晚師父進行第二次灌腸，此後維持每日灌腸二至三次。這段時期，師父常處於半昏迷狀態，回應極少，但遇有重要之事，仍可清楚回應，對於醫師查房，也都合掌感謝。

● 一月十日，星期六

師父的病況愈見穩定，因長期洗腎而產生的患癢症狀也消失了。師父的摯友今能長老前來醫院探視，師父已能清晰回應。長老請師父不要捨棄眾生，眾生都需要師父，也請師父「不要忘記今能」。師父回應長老的話說：「我不會忘記你。」長老來訪，師父甚為歡喜。

當天晚上，僧團相關執事法師在中正精舍召開「圓滿專案」會議，積極準備師父圓寂佛事。

●一月十一日，星期日

師父今天精神良好，僧團都監果廣法師呈一篇文稿，請師父過目定稿。這是由僧團整理自師父為「大悲心水陸法會籌備小組」兩次開示的文稿，將做為「水陸儀軌修訂序」。

序中提到，辦水陸法會最早是師父的構想，後來由法鼓山僧團弘化院監院果慨法師熱心促成。「水陸法會會本」的修訂也是師父推動的，並組成「水陸法會會本」修訂小組，師父指出，水陸儀軌的修訂是件大工程，也是大功德，這項功德將與法鼓山革新之水陸法會一同流傳，能為今日的漢傳佛教宣揚正信與正行的佛法，為後世的佛教留下歷史的紀錄。

●一月十三日，星期二

師父精神狀態極佳，已可在侍者攙扶下下床練步。方丈和尚上午來院請安，師父問起方丈和尚近況，方丈和尚答都在關懷大眾。師父又問：「大眾好嗎？」方丈和尚回答：「大眾都很精進用功。」師父再問：「如何精進用功？」方丈和尚說明，大眾皆為師父法體安康而念佛祈福。

當晚近九時，師父為《美好的晚年》一書做了最後的口述，指示此書務必完成。並約見了僧團都監果廣法師，以及兩位跟隨師父近三十年的弟子，聖嚴教育基金會董事長施建昌菩薩、專案祕書廖今榕居士談話。

在場者有文化中心副都監果賢法師、創辦人祕書室果本法師及全體衣缽寮法師。

一月十五日，星期四

師父上午召集都監果廣法師與衣缽寮侍者常寬、常持、常願及醫療侍者常穎法師等人，希望了解自五日入院以來的病程。尤對六、七兩日陷入半昏迷、生命徵象不穩定的過程，師父聽得極專注。

上午十點，師父再召集了法鼓大學建校相關人士，包括：護法總會陳嘉男總會長、黃楚琪副總會長、榮譽董事會劉偉剛會長、法鼓大學劉安之校長及潤泰集團尹衍樑總裁等人談話，籲請大眾繼續支持法鼓大學，把法鼓大學辦起來。師父特別叮嚀了四項原則：一、參與法鼓山，只有奉獻，沒有權力；二、法鼓山是由理念領導，如果放棄理念的領導，此領導是空的；三、師父的傳法是一種理念，不是權術，也非財產；

四、請大眾護持法鼓山此一漢傳佛教傳承的發源地。

午後，方丈和尚果東法師及都監果廣法師向師父報告了僧團為師父圓寂所籌備的「圓滿專案」，並以電腦播放已規畫設計的念佛堂設計圖，師父除肯定讚歎僧團的用心外，也對身後佛事給了原則性指導。其中針對瞻仰法相一事，表示「沒什麼好看到的」，但在弟子提出，海內外弟子會渴切瞻仰師父，見師父最後一面，在師父慈悲下首肯，並表示「兩天就火化」。

●一月十六日，星期五

果廣法師及果賢法師於晚間前來台大醫院，並針對「中華禪法鼓宗法脈傳承」證書中法脈圖，向師父請示。師父說明，法鼓山的禪法是繼承臨濟、曹洞兩大法脈的合流；再者是整合了印度及漢傳諸宗之同異點，並參考現今流行於韓國、日本、越南的禪法，乃至於南傳內觀法門，重新整理漢傳佛教的傳統禪法之後再出發，因為是在承襲傳統禪法之外，又有創新，所以必須重新立宗。

●一月十七日，星期六

師父向院方請假，坐著輪椅，回到農禪寺、雲來寺及文化館關懷大眾。師父在農禪寺大殿向正為師父安康祈福的共修大眾致意。接著轉往雲來寺，親赴每一個樓層關懷專職與義工菩薩們。原訂在下午於雲來寺錄製的「生前告別」講話，由於著涼而取消。下午，師父興起要到法鼓山祖庭文化館的念頭。師父除先到二樓關懷正在參加祈福共修的信眾外，也來到位於三樓的祖堂，追憶師公東初老人，並與方丈和尚果東法師、文化館住持鑑心長老尼及都監果廣法師於祖堂前合影。

離去前，文化館共修信眾於館前公園列伍，行叩拜禮感恩師父的教導。下午三時，師父返回台大醫院。傍晚五時，聖嚴教育基金會董事楊蓓教授來院探視師父。

●一月十八日，星期日

師父二度請假，返回中正精舍，原本希望見何太太（何周瑜芬）及林玫卿律師，當面再次的感恩護法，但由於何太太感冒，不便前來而取消。另外，廖今榕祕書則安排了護持法鼓大學的相關人士前來，包括：前政大校長鄭丁旺、舉辦策畫遊心禪悅書法展的葉榮嘉夫婦，以及捐助建校的何劉連連、何麗純母女和吳紹麟與胡蘭夫婦等人。

師父表示，法鼓山第一階段的僧眾教育已經完成，後續的法鼓大學，尚須大眾護持。會後，師父贈每人一本剛出版的《放下的幸福》，並說：「我已行至生命的邊沿，仍在出書，這是我唯一可留下的財產，勝過金銀財富，這些書就是我的開示。」

儘管身體羸弱，但一向重視禮節的師父，仍站門口一一送完訪客，才回座休息。常願法師並開啟電腦，讓師父觀看僧團的《僧報》，以圖文並茂方式報導了師父於十七日回到農禪寺、文化館祖庭的內容。透過僧報，師父感受到，僧眾弟子極其關心師父的病況。下午三時，再回到醫院。

●一月十九日，星期一

由法鼓文化企畫的《一缽千家飯》，在今天出版，此書副標為「法鼓山攝影集」，內容完整收錄了聖嚴師父和法鼓山的創建歷程、源流等，時間跨越六十年。師父甚為重視此書，甚至親自參與審圖、潤稿，並為此書作序，因此，當此書一出版，都監果廣法師、法鼓文化編輯總監果賢法師，即特別帶來醫院，並由侍者為師父逐頁翻閱，師父看見他一生的歷程介紹，以及文化館時期的一些人、事，不時主動地指出圖片中的人名。

師父主動向都監果廣法師提起，常有人會問：「當師父不在時，法鼓山誰當領導人？」師父說，他一直以來即不斷強調，只要具有願心、道心和能力，就可以承擔領導的責任。

●一月二十日，星期二

從今日起，師父呈現病體不適，解出血便。

一月二十二日，星期四

師父欲再請假，返回法鼓山出席僧團圍爐及辭歲禮祖，院方以師父近日解出血便，不宜遠途，未表同意。這也是師父自創立僧團三十年以來，首次缺席甚為重視的禮祖。僧團也在圍爐之前，持誦〈大悲咒〉為師父祈福，晚課結束後，在開山紀念館辭歲拜年、禮祖後，僧團全體僧眾特別再持誦一部《藥師經》，祈求師父法體安康。

禮祖後，僧團當晚在法鼓山上召開「圓滿專案」會議，決議相關荼毗地點，以及相關佛事的進行。

一月二十四日，星期六

今能長老午後來院探視，問師父是否想回法鼓山過年？師父嘆語：「無法回山上了。」長老見師父病況，放心不下，除夕至春節期間，幾乎每日到醫院探望師父，來訪時，師父多半在睡夢中，長老並不打擾，只是探視。

一月二十六日，星期一

年初一，師父於洗腎過程中出現心跳加速，生命徵象轉為不穩定，院方緊急處理。

● 一月二十八日，星期三

年初三，師父出現腹疼感，洗腎過程亦極驚險。上午九時，師父在洗腎後約一小時，出現了心跳急速上升，胸悶不適，狀況緊急。經醫療人員緊急備血及輸血後，又發現有輕度發燒現象，擔心可能感染，做了血液培養，後再做心臟超音波檢查。至午後三時半，師父的生命徵象終於漸趨穩定；午後四時，改以低流速恢復洗腎，如此持續至晚間九時，師父才返回病房。

● 一月二十九日，星期四

年初四，師父午後解出了血便，從此未再進食。

● 一月三十日，星期五

年初五，師父晨起後的腹疼感更增，院方安排做腹部超音波檢查及開出麻醉劑止痛。師父持續洗腎，也是最後一次洗腎。

● 一月三十一日，星期六

年初六，師父腹疼感增劇，院方再開出麻醉劑及麻醉貼片。師父當晚改持右側臥。

● 二月一日，星期日

年初七，出現無法吞嚥的現象。

● 二月二日，星期一

年初八，上午十一時，師父呈現血壓下降、心跳變快，生命徵象不穩定。下午三時，因呼吸困難，自行翻身右側臥，直至臨終捨報。

● 二月三日，星期二

年初九，午後三時，方丈和尚等人為師父辦理出院，於三時四十分離院，乘救護車回法鼓山。下午四時，師父於返回法鼓山途中捨報示寂，方丈和尚果東法師、都監果廣法師、關懷中心監院果器法師、衣缽寮醫療侍者常穎法師隨侍在側。方丈和尚合掌語慰師父：「師父在世間的任務已功德圓滿，果東將秉持師父理念，帶領法鼓山僧俗四眾，一起推動淨化人心、淨化社會的使命，並將負起照顧僧俗四眾的責任，全力以赴。請師父安心。」

傍晚五時，法鼓山間，法華鐘聲響起，師父座車緩緩駛入法鼓山園區，僧俗弟子於古雀榕七如來前，跪迎師父回開山寮。

後記

但盼沒有辜負這份福報

胡麗桂

我能擔任師父的隨行記錄，亦步亦趨跟著師父，在師父絕大多數的行程裡，合情合理當一名觀察者、記錄者，聞受師父的每場說法、每一談話，這讓許多認識我或初會者都稱我大有福報，這點我並不否認。然而我也曾自問：「是否自己的能力與所做者，可與這份福報相稱而不辜負？倘若不是，那麼我的這份福報會不會只是消受、預支福報？」因此，在我任職的第三年曾為此請辭，總是師父一再給我機會，而使我持續六年有餘的隨師行。

這是我人生中一段特別的旅行，其實「旅行」的註解也是師父給的。二〇〇三年春，師父開啟年度護法體系的各地關懷行，首日於農禪寺整裝出發前，便對我說：「胡麗桂跟著師父遊山玩水去囉！」聽師父這麼一說，我也跟著生起遊興。那五天的中南部關懷行，我始終興致活絡，一點也不感累意，我見拜會師父的訪客絡繹不絕，我聽師父諄諄勉語為淨化人心鼓勵，我記錄師父為各地護法信眾分享法鼓山的理念。如此無間斷的行程一連五日，而師父總是神采奕奕，終於在行程圓滿返回台北途中，師父才得以休息而沉沉睡著了。我則一路清醒，還是不減遊興，仍在欣賞風景。北上途中，師父座車下了交流道，一步出車外，師父便問我：「這五天下來累嗎？」我不假思索地答：「不累，我還年輕。」這一直語，讓師父笑了。現在回想起來，總覺得自己尚能隨行六年有餘，所憑藉的，應該就是「年輕」與「喜歡欣賞風景」這兩種特質吧。

師父說，世間的一切，都是因緣使然，並曾詮解：「因緣乃是基礎與機會的和合。」我從二〇〇二年七月十五日起任職這份工作，也是如此，過去我沒想過，也非我的規畫，只為因緣。這份隨行工作的內容，也是在師父召集的會議中定案，項目是隨師日誌、隨行報導及開示整理三類。我初接下這份工作，重點放在「隨師日誌」與「隨行報導」兩類，延續前一份任職法鼓文化採編工作的特性，因為熟習，做得比較順手。然而開示文稿整理則讓我琢磨許久，直至二〇〇五年，我才有了少許心得。從此，我便放更多心思於師父開示的文稿整理，我也感謝有著先前累積的一點點心得，才能使我在後半段的工作上，試著當師父的「一隻手」，但願我曾經做到。

二〇〇五年的前半年，師父仍持續一向的既定行程，在台灣、美國兩地奔波弘法。一月返台北，五月回紐約，七月再回台北，原來計畫著九月底再返紐約，卻被突來的一場大病給攪亂了。那年八月下旬，師父方從日本驗收法華鐘歸來，不久後即住進醫院，我不多問，一心只想把法華鐘之旅師父的全程開示整理出來。可是時日漸久，一週、兩週、三週過去了，師父的行程仍現空白，不禁使我焦急，白天或因投入工作而不去多想，可是夜裡卻頻繁夢見師父。在那段時期，我六度夢見師父，有一回尚淚眼驚醒。

我成了無法隨行的隨行記錄。至豔陽天的十月九日，師父才終於現身在農禪寺的皈依大典；再過十天，法鼓山落成開山系列活動序曲於圓山飯店舉行，在迎賓晚宴前，師父接受了一場採訪錄影，法體顯得極為虛弱，工作人員幾乎聽不到師父的聲音，可是一旦見了歡迎會上的各國嘉賓，則又顯得精神奕奕。師父是為眾生存在的，我的這種體會愈來愈深。

十月二十七日，師父出院；十一月三日，師父回北投巡視興建中的雲來寺工程；十一月十五日，師父於法鼓山上對全山專職及僧眾法師舉行精神講話。靜養中的師父行程開始漸增，而我只抱著一個想法：盡快把師父每場重要的開示整理成文，分享與更多不在場而關心法鼓山的人們，盼大眾見文如見師父。

也從這段時期開始，我的隨行開始新增一種型態，為師父口述錄稿。我永遠記得二○○五年十二月十五日師父於中正精舍口述〈我的病〉一文時，那樣端嚴地在胸前穿戴著念珠，彷彿登臨一場萬人法會。當師父緩緩道出晚秋害病的詳實病程，我驚駭地聆聽著、記錄著，尤當談起初次洗腎過程的驚險，因極度不適而直想在地上打滾時，當下氣氛一度凝結，時間彷彿也靜止了。我像一名經受震撼的聽眾，一時啞口，之後才能啟問：「那是洗腎者必然經歷的痛嗎？」師父苦笑搖頭，說是因自己體質使然，也可能是當日幾個重大的療程接著一起，所以造成身體極度不適。

這段口述，歷時約一個半小時，師父囑我不必急著整理，目的只讓日後有人為師父作傳時充做參考資料。同一時期，師父亦一鼓作氣口述了法鼓山開山過程中的種種，即已出版的《法鼓山故事》。師父如此急於大病初癒後立即口述，只為憂心若不及時留下記錄，只怕日後關於法鼓山的種種「傳說」，都只是誤傳。

師父出院後，我的隨行工作又接上了，只是當日後師父行程再現空白時，我已心底有數，卻還是因放心不下而問機要祕書：「師父還好嗎？」得到的答案總是：「還好！」不過，能使我放心的，有時竟是師父病中捎來的電話。二〇〇七年入秋，師父又一次歷經生死交關的險困，而在脫險後致電囑我準備錄稿。我一時不知是憂是喜，然而多半我是放心的，至少聽見師父的聲音，至少接到師父開始交付的任務。

二〇〇八年四月，我再度接獲師父口述的通知，以為就是前次師父示意的病情。四月二十二日午後，我到了中正精舍，就著佛堂的會議桌開啟筆記本與錄音筆，等候師父。師父到來時，手上拿著一疊資料，使我好奇。我猜錯了，這並非一次單獨病情的口述，而是師父晚年得病以來的生活總述，而師父手上的紙頁，便是過往行程的依據。師父口述的晚年生活，大多數的行程我都跟著，那就像是重看第二次的電影，反覆再讀的書，許多行程仍在我腦海中留有清晰的畫面。因此師父口述時，偶爾我也穿插補充，這讓師父覺得頗有意思。

師父的口述，始於二〇〇八年四月二十二日，至十一月六日午後完成第十二次口述，地點皆在中正精舍。師父回憶的口吻如此風輕雲淡，可是每一行程發生的當下，卻是極其深刻而豐偉，這也成為我筆錄與整理文稿時，心上經常湧現的掙扎：「曾經發生的深刻真實與師父憶述時的輕描淡筆，如何取得平衡？」然而，全書最終仍忠實呈現師父的口述回憶，是師父記憶裡那些可愛的人與可愛的事交會的因緣。「這本書，等我走了以後再出吧！」四月二十九日口述告一段落，師父忽作是語，語氣還是那般輕和。我怔住了，直想充耳不聽，只能接口：「《美好的晚年》將會有好多本，一年一本，至少八、九本。」師父笑了！

「師父會再來人間嗎？」二〇〇八年，師父的侍者常願法師請示師父。師父先是說會再來人間，之後則語：「有這種想法太執著了，釋迦牟尼佛說三千大千世界，世界很大，我不一定非得去哪裡不可，哪裡需要我，我便去那裡。」

也在這年，侍者再度啟問：「師父會再回法鼓山嗎？」

「不回法鼓山，我去哪裡呢？」師父回答。

身為師父的弟子，我當然期盼師父乘願再返人間、再回法鼓山，但是我心中多次錄寫著師父的開示：在無限的時空之中，哪裡需要我我便去，哪個時空需要我出使命我便赴任，哪個地方的緣成熟了我就去！

而法鼓山在哪裡呢？我聽見師父一次次對眾開示：並沒有一個真正的實體稱為法鼓山，房子只是一種設施，用以助成法鼓山理念的推廣。只要是法鼓山理念推行的地方，那裡便是法鼓山；只要還有一人實踐著法鼓山的理念，法鼓山便是存在的。

錄寫《美好的晚年》一書，我從二〇〇八年春日聽師父講故事的如沐春風之境，到入秋後驚訝於從錄音筆傳來師父聲息益發虛弱的詫異，到二〇〇九年一月十三日錄寫最後的口述而心中仍祈禱奇蹟出現的低語，如此心境的轉折，總在整理文稿時一次次經歷，最終心情還是沉痛的。師父住世時常叮嚀大眾：「我自己的法鼓山已經建好，你們大家的法鼓山，還要不要繼續建呢？」如今書稿已成，這句話忽然映現我心底，使我慚愧，使我深思，也勵我向前。但盼沒有辜負這份福報。

國家圖書館出版品預行編目資料

美好的晚年 / 聖嚴法師口述；胡麗桂整裡. --
初版. -- 臺北市：法鼓文化, 2010.02
面； 公分. --（寰遊自傳；16）

ISBN 978-957-598-503-5（平裝）

1.釋聖嚴 2.佛教傳記 3.生命教育

229.63 98024051

寰遊自傳 16

美好的晚年

口述／聖嚴法師
整理／胡麗桂
攝影／李東陽、法鼓山攝影義工
出版／法鼓文化
總監／釋果賢
總編輯／陳重光
編輯／張晴、楊仁惠
美術設計／王璽安
排版／王孝媺
地址／臺北市北投區公館路186號5樓
電話／(02)2893-4646 傳真／(02)2896-0731
網址／http://www.ddc.com.tw
E-mail／market@ddc.com.tw
讀者服務專線／(02)2896-1600
初版一刷／2010年2月
初版十五刷／2023年2月
建議售價／新臺幣450元
郵撥帳號／50013371
戶名／財團法人法鼓山文教基金會—法鼓文化
北美經銷處／紐約東初禪寺
Chan Meditation Center (New York, USA)
Tel／(718)592-6593 E-mail:chancenter@gmail.com

法鼓文化